别和叛逆期的孩子较劲2

—— 有效管教孩子的42招

尚阳 著

长江出版传媒

长江文艺出版社

图书在版编目（CIP）数据

别和叛逆期的孩子较劲.2, 有效管教孩子的 42 招 /
尚阳著. -- 武汉：长江文艺出版社，2021.7(2023.10 重印)
　（大教育书系）
　ISBN 978-7-5702-2090-8

　Ⅰ.①别… Ⅱ.①尚… Ⅲ.①青春期－家庭教育
Ⅳ.①G782

中国版本图书馆 CIP 数据核字(2021)第 081909 号

责任编辑：李婉莹　　　　　　　　　　责任校对：毛季慧
封面设计：笑笑生设计　　　　　　　　责任印制：邱　莉　杨　帆
_____

出版：长江出版传媒　｜　长江文艺出版社
地址：武汉市雄楚大街 268 号　　　邮编：430070
发行：长江文艺出版社
http://www.cjlap.com
印刷：武汉中远印务有限公司
_____

开本：710 毫米×970 毫米　　1/16　印张：16.875　　插页：2 页
版次：2021 年 7 月第 1 版　　　2023 年 10 月第 2 次印刷
字数：191 千字
_____

定价：32.00 元
_____

目　录

正视叛逆：化解焦虑，陪孩子飞跃成长

身为家长，不要闻"青春期"而色变，不要轻视也不要畏惧。正确认识青春期的特点，结合自己孩子的特点预估可能会遇到的困难。知己知彼，有备而来。

学会倾听：尊重孩子的想法，克制自己的感受

爱孩子的心没有错，可行动往往有偏差，听听孩子怎么说，你才知道该怎么做。

合理引导：解决孩子的问题，尊重但不放纵

怎么说，更有效？怎么说，孩子最容易听进去？

要尊重孩子，但同时，也要限制他的不当行为。

转变观念：换一个角度看问题，消除教养困惑

青春期是孩子成长中问题最多、困惑最多、冲突最多的时期，做父母的自然万分焦虑，父母除了要正视青春期的叛逆，将它当作一件稀松平常的事，还要学会转变观念看问题。思想开放一些，角度新颖一些，许多教养困惑自然迎刃而解！

正视叛逆：
化解焦虑，陪孩子飞跃成长

身为家长，不要闻"青春期"而色变，不要轻视也不要畏惧。正确认识青春期的特点，结合自己孩子的特点预估可能会遇到的困难。知己知彼，有备而来。

1 青春期的身体怎么了

每当听到身边的家长说，我家孩子到青春期了啊！接着就会出现奇特的一幕，所有人的目光会齐齐转向他，复杂的眼神里夹杂着同情，熟悉的人更是毫不客气地接过话："那得多操心，叛逆期啊！"

"青春期＝叛逆期"，这几乎像定律一样稳固的关系式，让家长比孩子更先紧张起来。其实，每个人都有青春期，这只是人类生长发育的必然阶段，只要家长科学引导，给予孩子足够的爱心和耐心，理解青春期孩子叛逆的表象下埋藏的生理和心理问题，这个特殊时段的困扰就会迎刃而解。

网络上，有个妈妈的帖子曾引起很多人的共鸣：

> 儿子14岁了，那天顺路和他一起去培训班，1.6米的我走在1.75米的儿子身旁，突然感觉到自己的存在感越来越弱，不管我问什么，儿子的回答只有"嗯"和"不是"。不记得从什么时候开始，他对我越来越躲避，一回家就关上门，有次我忘了敲门，碰巧看到他在换衣服，他马上拉长了脸大声说："我在换衣服！"以前乱丢的内裤，他也开始自己清洗，而且都是关在卫生间里洗完才出来，我让他打开门，

他也不肯，明显是有意躲着我。我隐约觉得，孩子到了青春期，应该要给他讲讲生理方面的问题了，可我先生工作一向忙，很少管孩子，由我这个妈妈讲，似乎又不合适，我打算买点这类的书籍让他自己看，不过肯定又会招来他一个大白眼！唉，真是乖张的青春期！

这个妈妈的烦恼不是个例，所有青春期孩子的家长，只要仔细一点，就会发现孩子开始偷偷摸摸地洗自己的内衣了，被说起时会害羞脸红，或者气呼呼地躲开。其实，孩子和家长一样迷茫，我的身体怎么了?！

首先，我们有必要来了解一下青春期孩子的生理变化。

青春期主要是指13—18岁的年龄段，这期间，孩子体格迅速发育，性机能和身体器官逐步成熟，到骨骺线完全闭合，身体停止生长，性机能成熟，青春期宣告结束。

一、体格迅速发育

青春期男女最显著的外在生理变化就是身高迅速增长。这一阶段，女孩身高平均每年增长5—7cm，整个青春期约增长25cm；男孩身高平均每年增长7—9cm，整个青春期约增长28cm。

此外，青春期男女生的体重、肌肉、肩宽、骨盆宽等也都得到相应增加，体态变得健壮和丰满。

二、性机能成熟

进入青春期以后，孩子的性腺机能开始成熟并发挥作用，第一性征逐步走向成熟，第二性征出现。第一性征是指男女生殖器的不同外形和构造特征，男性的生殖器官主要有睾丸、前列腺、阴茎等，女性的生殖器官主要有卵巢、子宫、阴道等。以女孩子第一次来月经（即初潮），男孩子第一次出现遗精，作为进入青春期的标志。随着这些生殖器官逐步发育成熟，男女到青春晚期已具备生殖能力。第二性征是指男女在青春期出现的一系列与性别有关的外表特征。青春期男生声音会变粗，喉结凸出，有的甚至长出了胡须。青春期女生的声音则变尖细，胸围增大，乳房慢慢突出，盆骨和臀围也开始增大，整体皮下脂肪增多。

性机能的成熟，对孩子的心理发展有很大的影响。一方面，它刺激了青春期男女性意识的觉醒；另一方面，也给他们带来了很多与异性交往和性心理卫生方面的问题。

三、身体器官逐步成熟

随着青春期的到来，孩子身体内的器官体积增大，功能逐渐成熟完善，尤其是神经系统中大脑机能的发育也进入了高峰，思想也就变得复杂起来了。孩子的独立意识和自我意识日益增强，产生一种"成人感"，他们迫切希望摆脱父母的监护，从而显示出"叛逆"的一面。

这些青春期生理知识，家长都可以通过各种途径获得，但面对孩子时往往难以启齿，不知道如何教育孩子、启发孩子，让孩子了解这些青春期生理的变化，以帮助他们从容应对。有些家长情急之下，往往采取一些不当的方式，直言或者板着脸说教，这种不适当的干预，反而会加重孩子的恐惧心理，让他们变得更逆反。

那么，如何和孩子一起面对青春期生理的变化呢？建议有四点：

一、无须遮掩，大方沟通

关于青春期生理的变化，因为涉及性知识，家长受传统观念的影响，喜欢逃避遮掩，孩子无法从父母处获得这些知识，就会对自己的身体越发感到好奇，一度也会感觉到害羞迷茫，无所适从。长此以往，本来是自然成长的问题，结果却变成了父母和孩子之间一堵神秘的墙，有些孩子甚至通过其他不正当的途径去了解，埋下潜在的危害。

所以，家长首先要摒弃一些旧观念，把和孩子分享青春期生理知识看作一件普通的事，保持心态上的坦然平静。当然，因为信仰、理念、文化背景、家庭环境，以及对待性别、性教育等的态度不同，父母的沟通方式也不尽相同：有的通过讲有趣味的绘本故事；有的通过播放专业性知识视频；有的通过聊天主动讲教……无论采用哪种方式，只要家长保持平静自然的态度，给予孩子最真实、最直接的回答，就是极好的。

二、抓大放小，宽容以待

就像案例中的妈妈说的一样，生活中，很多青春期孩子都不愿意与父母沟通，你越关心，他越厌烦，这时候父母的气就不打一处来，想到自己一把辛酸泪，竟然换来一头白眼狼。其实，你想多了！

青春期孩子因为心理的成熟滞后于生理的成熟，所以情绪波动频繁，父母过度关心他们，反而会成为他们的负担，有些孩子甚至会感觉，父母在窥探他们的隐私，这让他们极度恐慌。

所以，父母不妨表现得轻松一些，孩子愿意讲就认真聆听，不愿意讲就不要强求，只需在关键的时刻，比如升学期、受挫期、烦躁期，多认同他，鼓励他，表现出对他的尊重，孩子的这段"成人前期"就会过渡得很轻松。

三、换位思考，做到共情

共情，即同理心。

试想，你洗内裤时愿意让父母盯着吗？你换衣服时愿意让父母看到吗？你偷看漂亮女生或者英俊男生时想告诉自己的父母吗？

我想，答案是否定的。

再想想你想做的事：翻开孩子的日记，看看他究竟在想什么；发个朋友圈，晒晒孩子的照片，埋汰下孩子……快停下来，将你换作他试试，你会是什么感受呢？

显然，这令人非常不舒服，甚至恼火。那么，你的孩子也是一样的感受。所以，如果无法接受孩子一天天疏离你，就多换位思考一下，像对待成人一样，对待他吧！

四、拓展自我，丰富兴趣

当你感觉到被孩子抛弃的时候，请热情地丰富自己的生活，培养兴趣爱好。你的一举一动孩子都能感受到，当他发现父母每天忙碌于学习、交友、烘焙时，他就会清楚地知道，原来父母的生活重心不仅仅是他，那他会轻松很多。接下来，他也会愿意和父母分享一些消息，具体地说，是坏消息和不良情绪，因为他知道，父母不会再为此焦虑了，这些事情并没有那么可怕。

相信这时候的父母，已然能够坦然面对孩子的青春期问题了。

面对青春期孩子生理的急剧变化，父母无须紧张困惑，只需惊喜地告诉他，你长大了！再在适当的时间里，加以平静正确的教育、科学合理的引导，孩子自然会将这一阶段的成长看作自然而然的生理现象，无心好奇探索，从而免受不必要的伤害。

切记，你所做的这一切，都将为孩子顺利成年储备足够的能量。

2　青春期心理疏导，请及时做

当孩子的生理成长时，他们的心理也随之发生相应的变化，那个听话讲道理的孩子突然间就变得情绪化，动不动就跟父母呛了起来，动不动就"搞事"。我表姐就被13岁的儿子气得差点住院，在微信上向我大吐苦水：

前些天，我收到班主任的电话，说他这学期成绩下降得厉害，而且老在课堂上开小差，已经被老师没收了三本漫画书了，还给班里的女生写信。班主任希望我们家长多督促。哎哟，要不是亲生的，真不想管了！做作业我看也不是，不看也不是，看一眼，人家就瞪着眼睛不做了，说我不信任他、老干涉他；不看吧，天天晚上熬到十一点，作业质量还不高。这我忍了，反正学霸也跟我们无缘，不惹事就行。可你知道吗，他前天放学没回家，居然约着同学去打游戏，九点多才回家，害得我们到处找，差点报案。回家后还骗我说去同学家做作业了，我在群里问同学的妈妈才知道真相，你说气不气人?!……

想到表姐咬牙切齿的焦虑神态，我问了她一个问题：

"你做饭的时候，米下到锅里，中间打开锅看吗？"

"你说什么呢，米下到锅里等着煮熟就好了，为什么还要打开看呢？难道我还担心煮不熟吗？"表姐愣了一下。

"是啊，你做饭不会抱怨饭煮得太慢，也不会担心米煮不熟。青春期的孩子也是一样啊，你越不放心，他反而熟得越慢，你越关注，他的问题自然就越多。"

其实，但凡孩子正处于青春期，父母都会感觉，青春期孩子不好管，毛病多，可是，如果大家知道了青春期孩子的心理特征，就会明白，孩子的毛病多是有原因的。

心理学上将青春期称为"心理断乳"期，这期间，孩子从幼稚走向成熟，从心理上依附于父母到出现独立意识，这是每个孩子成长的必经阶段。父母需要了解孩子的这些心理变化，才能针对性地解决青春期逆反问题。

一般来说，青春期孩子的心理特征大致有四个方面：

一、爱反抗独立期

日本心理学大师河合隼雄在《心的处方笺》中说："青春期是独立战争中最关键的一战，要成为真正意义上的人，要达到心理上的独立，必须从父母对自己的有形及无形的束缚、影响中摆脱出来。因此，这场战役中，与自己对决的敌人，自然也该是父母。"

随着自我意识的苏醒，青春期的男生女生们急欲摆脱父母的束缚，为此，他们用争吵、叛逆等行为向父母证明，自己已经长大了，不再是那个听从他们安排的孩子。这种初始的成人感，让他们迫切希望获得父母的信任和尊重，而事实上，由于认知等受限，他们又不得不依赖父母，半独立期最常见的矛盾心理表现就是和父母不断发生冲突，顶嘴、冷战甚至批判父母的不合理行为，然后心理上产生极大的不安与困扰。

二、易冲动情绪期

青春期的男生女生由于自尊心变强，变得格外敏感，对挫折的反应尤其强烈。有位心理学家曾经做过一个实验：将青春期孩子分为两组，一组在堆满玩具的橱窗外观看别人玩耍，经过长时间的等待后再进去玩；另一组则不需要等待，马上进去玩。结果证明，没有等待的孩子玩得非常开心，而且很爱护玩具，而等待过的孩子表现出极大的破坏性，将玩具摔打在地或者踩在脚下。

青春期的情绪就像过山车，一会儿因为小有成绩而骄傲自满，一会儿又因为一些打击马上变得失落消沉，这两种情绪往往是瞬间切换，交替出现。一旦自尊心受损，他们就会冲动地做出一些不良行为，包括和同学发生冲突或对父母恶言相向。有关学者认为，这是因为青少年的大脑里，负责控制感情的神经尚未发育成熟，他们并不是有意为之。

三、爱交友情感期

青春期的孩子，对于父母的管束越来越反感，会不由自主地慢慢从家庭中游离，他们更喜欢与同学或者小伙伴一起交流、活动，结交志趣相投的朋友，也更愿意与朋友分享心中的秘密，这是典型的心理断乳表现。

除此之外，随着第二性征的发育，他们开始注重自己的仪表，留意异性同学，甚至陷入早恋。他们也会留意明星或其他各界优秀人物的动向，甚至产生一些情感幻想。这是人类情感发展的必经阶段。

四、快成长矛盾期

青春期生理的快速成长和心理的缓慢发育，给孩子造成了极大困扰，他们一方面急欲像成人一样掌控自己的生活，一方面又离不开父母的帮助，这就导致他们自我定位不准，行为出现偏差，在遇到棘手的事情时，既希望父母少说话甚至不说话，又希望父母能给予意见和帮助，并纠正自己的行为，结果就时常处于一种矛盾又忐忑的心理中。

面对青春期孩子心理的诸多变化，父母如何疏导才能更有效？相信很多父母想到的第一个词就是：理解。大家都知道要多理解孩子，多给他们空间，可实际做起来却往往不如人意，甚至适得其反。究其原因，是大多数父母总是想当然地认为，我都理解你了，你怎么还不听话？殊不知，知其容易行其难，孩子在学习自我管理的过程中，要历经各种反复的实践，走过很多弯路，然后才能找到适合自己的方式。

疏导方式往往因人而异，但总体来说，父母可以借鉴以下五种：

一、绘制孩子的情绪地图

面对具有逆反情绪的青春期孩子，吼骂不但无用，反而还会让孩子的情绪更糟糕，而一味地迁就也会让孩子更不懂得控制自己，"得寸进尺"。怎么样才能既安抚孩子的情绪，又帮助他们自我纾解呢？

拿起笔，绘制一张情绪地图。

选择相对放松的时间将这张地图交给孩子，并帮助孩子分析这些情绪爆发的深层原因，告诉他：爸爸妈妈相信你当时并不想这样做，那么下一次遇到这种事的时候，我们可以采用更好的方式。当然，作为父母，如果你很容易和孩子争执起来，同样可以给自己绘制情绪地图，以此提醒自己，要理性地和孩子沟通。

如果双方都有意回归理性，不良情绪便会如失去支撑的建筑，轰然倒塌，孩子自然也会更平和地待人接物。

二、鼓励孩子适度宣泄

释放情绪是每个人都要学会的生活技能，青春期的孩子尤其需要。要告诉孩子，忍气吞声虽然可以避免一时的伤害，但无法解决问题，不良情绪堆积得太多，人体便会像气球一般，容易爆炸，产生更多的危害。

青春期的孩子，想法会稍显稚嫩，看法会失之偏颇，做事常常冲动，被打击后又郁郁于怀，这时候，父母需要帮助他们梳理这些情绪。

有些父母会抱怨，不知道如何才能让孩子好过一点，觉得养孩子实在太操心了。其实，父母无须多么高明，最简单有效的方式就是鼓励他们说出来，释放掉这些不良情绪。若是孩子不喜欢向父母倾诉，也可以带他们去打球跑步，或者观察大自然，去参加公益活动，等等，这些都是让孩子释放情绪的良好方式。

三、让孩子成为自己

我的同事A姐的孩子今年初三，面临中考，全家人时常陷入焦虑中。本来，她和孩子的亲子关系一向不错，孩子有什么心事也都会跟她说，但最近她连续和孩子争吵了好几次。

"她总怪我说话不算数，"A 姐说，"因为我答应过她，期中考试平均分在 90 分以上，就带她去迪士尼。"

"那结果呢？"我问道。

"勉强达到，可是他们班成绩优秀的人太多，她的成绩已经处在中游，根本没什么值得骄傲的，所以我给她重新确立了期末考试平均分在 95 分以上的目标。只有达到这个标准，她才有希望升入重点高中。"

"孩子的压力也很大。"我好言相劝。

"你不知道，我们楼上的小涵，和她同班，人家英语一直是满分，而且钢琴还过了 9 级。都是一个教室的，差别咋这么大……"

这样的妈妈无疑是让孩子反感的，遗憾的是，我们身边总是出现这样的家长。每个家长都希望自己的孩子是最优秀的那一个，但往往，大多数的孩子只是普通人。"别人家孩子"像个标杆一样，家长时不时就拿出来立一下，从来不考虑这样的对比和没有意义的标准会对孩子造成多大的打击。试想，不管孩子如何努力，随着标杆的不断变化，他们总是无法达到父母的要求和标准，这不让人懈气才怪！有些孩子甚至会反唇相讥："那你们怎么没有评上先进工作者，没有当上局长，没有年薪百万呢？"

苏联著名教育家苏霍姆林斯基在《少年的教育和自我教育》里说："世界上没有什么东西是比人的个性更复杂、更丰富的了……不能把小孩子的精神世界变成单纯学习知识。如果我们力求使儿童的全部精力都专注到功课上去，他的生活就会变得不堪忍受，他不仅应该是一个学生，而且首先应该是一个有多方面兴趣、要求和愿望的人。"

所以，家长需要客观公正地对待孩子的优劣，引导孩子建立起适合自己的节奏和目标，做独一无二的自己，这样不但可以避免孩子心中产生强烈的不安和挫败感，还可以帮助他们修复自己的内心，变得更加充实和自信。

四、引导孩子与异性交往

青春期孩子随着身体的发育、社会心理的发展、个性的形成和智力的进步，情感也开始发展，所谓"哪个少男不钟情，哪个少女不怀春"，便指的是此时的男女生。很多父母苦恼于孩子有早恋倾向，其实，如果孩子的眼里只有学习，那才更让人担心，因为那样的孩子很可能心智不健全。要知道，情感发展是青春期孩子人格发展的一个重要方面。

所以，不用一听到孩子与异性交往就压制和担心，反而应该多加尊重和体谅，给他们一些合理建议，比如从欣赏的异性那里学习优点，在相处中开阔眼界和心胸，合理把握交往的尺度，等等。家长要欣赏和激发青春期孩子美好情感的发展，引导他们正确与异性交往，获得良好的交际体验。

五、帮助孩子管理自我

"管得太多"是中国大多数父母的状态，殊不知，这对孩子是一种灾难。事无巨细地管控孩子，会造成孩子的低能，削弱他们的生活能力，使得孩子长大以后缺乏担当，一味依赖他人。反之，完全放手，任由孩子自由成长，也是一种不负责任的行为。

正确的爱，是帮助孩子管理好自己。青春期的孩子会犯很多错误，会因为缺乏自律被老师批评，会因为言语不当引起别人嘲笑，会害怕和别人交谈，等等。父母要明确地告诉孩子，自己的事情要自己处理，让孩子学会承担责任；犯错并不可怕，允许孩子试错，在体验中感悟出正确的解决方式。对于孩子做不到、做不好的事情，父母可以力所能及地帮助他们制定有效的制度，管控自己，完善自我。

两百多年前，德国哲学家费希特就曾说过："教育必须培养人的自我决定能力，而不是去培养人们去适应传统的世界。教育不是首先着眼于实用性的，不是首先去传授知识和技能的，而是要去'唤醒'学生的力量，培养他们的自我性、主动性，抽象的归纳力和理解力，以使他们能在目前还无法预料的未来局势中做出有意义的选择。"对于青春期的孩子而言，父母的教育目的便是如此。

父母不能永远帮助孩子，也不能永远陪伴孩子，孩子需要成长，父母则需要给予孩子时间和空间，帮助他们疏导不良的情绪，有效管理自我，这才是更明智的陪伴和爱。

3 青春期，究竟是谁在焦虑

每逢考试，朋友圈里的父母们都会转发各种滋补神汤：

> 从今天起做一个不焦虑的妈妈，孩子是亲生的，考试是一次性的，人生是一辈子的。从今天起，自己看看书，美美容，什么作业，什么考试，随缘吧！

> 没有资质的孩子是用来报恩的，因为读书特别好的，将来会去美国、英国、加拿大，见面只能靠视频。读书没资质的，等我们老了可以常伴左右，今天载我们去吃牛肉丸，明天载我们去吃海鲜，想想真美好！
> ……

无论是不是鸡汤，是不是有助于改善亲子关系，显而易见的是，父母对孩子的不自信以及焦虑之情。

孩子到了青春期，随之而来的各种矛盾层出不穷。上周我和朋友一起吃饭，旁边坐着一家三口，15岁左右的儿子低着头吃饭，父母在两边殷勤地夹菜给他，小心翼翼地问这问那，儿子最多就回应个"嗯"，或者摇摇头。

父母对视了一眼，妈妈小声开口："那老师后来有没有说什么？"

儿子沉默着，大口扒着饭。

"要不，我们给老师当面认个错？这个事也不能全怪老师，毕竟你当着大家的面和他顶嘴，让他挺没面子的。"爸爸试探着。

"啪"的一声，儿子的筷子甩在桌上，他冷着脸吼道："一点小事，你们没完没了的，烦不烦啊?!"

父母瞪了他一眼，转而看向我们，脸上露出抱歉又尴尬的笑容。我们急忙转过脸，装作无视。

后来从父母断断续续的劝慰里，我大致知道，因为作业的问题，儿子在课堂上和老师顶了嘴，老师给他父母发了短信，让他们在家对孩子多一些引导。

儿子的满不在乎和父母的惶恐不安形成了鲜明对比。

青春期孩子顶撞父母和老师的事情并不少见，我理解作为父母，怕得罪了老师对孩子不利的心理，但在孩子的眼里，这并不是什么大事，确切地说，孩子认为他只是说出了自己想说的话，并无不妥，反而是父母和老师过于放大事情了。

都说青春期的孩子焦虑不安，但如果仔细观察，我们会发现，每个焦虑的孩子背后，往往有更焦虑的父母。

《中国家长教育焦虑指数调查报告》中的数据显示，面对孩子们青春期的抵触和叛逆，57%的家长对怎样与青春期的孩子相处和如何引导孩子顺利度过青春期感到焦虑。其中，近 69% 的 80 后家长对孩子青春期的问题感到焦虑，70 后家长的这一比例则是 52.5%。

有时候，怕输的往往不是孩子，而是父母。怕孩子比别的孩子成绩差，怕孩子考不进好学校，怕孩子不会处理人际关系，怕孩子以后吃亏，对孩子的期望成了父母焦虑的主要来源。尤其在父母有能力为孩子的起跑加速时，这种焦虑就更明显了。一掷千金报了很多培训班，可成绩还是无法提升，有个妈妈在群里说，急得嘴巴都上火了。

著名节目主持人马东说："中国父母最可怕的地方就是把自己成长中的焦虑转移给了孩子。"我们小时候没考上好大学，想让孩子考上 985、211；我们小时候成绩不如别人，想让孩子一定要争口气，超过别人家的孩子；我们没过上安稳的生活，催促孩子一定要过上理想生活……正是这种焦虑，让无数家长和孩子都处于连轴转的水深火热之中。然而我们不知道的是，这种中国式父母的焦虑，很有可能废掉我们的孩子。

这并非危言耸听。

《教育蓝皮书：中国教育发展报告（2018）》指出，2016 年 10 月至 2017 年 9 月，网络信息中共有 392 例青少年儿童自杀死亡及自杀未遂的事件，其中有 267 例明确标注为中小学生。自杀的首要原因是学业压力大，其次是情感困扰和亲子间的严重冲突。

这是多么可怕的现实！我们的父母如果再无法正确克服焦虑，只会给孩子更多的痛苦体验。

可见，是时候梳理一下我们的焦虑情绪，改变自己了！只有父母自己不焦虑了，才能减少青春期孩子的焦虑之情，让他们变得平和安静。

如何才能有效地改善焦虑症状呢？不妨从以下四个方面着手：

一、明确成人比成绩更重要

初为人父母的时候，每个爸爸妈妈都说，只要宝贝健康快乐就可以了，但随着时间的推移，父母的要求越来越多，希望孩子聪明、学习好、能力强，等等。其实不是父母不记得当初的话了，而是社会竞争给了他们更多的压力和焦虑，他们只好将希望寄托在孩子身上，期待孩子出人头地，慰藉自己的不甘。

其实人生漫长，一路充满荆棘，在孩子跌跌撞撞的成长中，除了成绩，还有品性、思维、眼界，等等，都决定着孩子的未来，所以，如果你的孩子已经很努力但成绩不佳，不妨从其他方面进行培养，他一样可以成为有用之才。

谨记，成人比成绩更重要，多元化的社会有很多种成才方式。

二、适当关注和掌控

对孩子的过度关注正在伤害孩子的成长。

时至今日，虽然很多父母已经掌握了科学的育儿知识，但在生活中，他们仍然喜欢围着孩子转，从吃穿用到兴趣、学习、交友，等等，并且倾其所有为孩子买学区房，报各种培训班……父母都觉得这是为了孩子好，却不知，这种关注和照顾无不显示出对孩子的掌控。在这种关注中长大的孩子，随着青春期的来临，他们的独立意识和自主、自控的需求不断增加，就会向父母争取更多的自主权，于是亲子冲突便不时出现。

这时候父母若还不改变，孩子就会变得越来越叛逆。付出的心血和孩子的对立形成鲜明的对比，也让父母感到万分委屈，一位父亲曾抱怨：

"我们付出全部心血，却养出一个白眼狼！"

其实并非孩子不知好歹，而是父母过度抢占了他们的地盘，引发了他们的抗争。

如果停止这种以"爱"为名的掌控，还孩子自由，你会发现，孩子能学会自己管理学习、生活。孩子的人生只能由他自己走，你只需在孩子遇到挫折和困惑时，适当帮助和引导，帮他保持正确的方向。而父母，也会因为抽离了那些焦虑感，心生美好。

三、打造自己重于打造孩子

美国心理学家杰弗里·伯恩斯坦在《叛逆不是孩子的错》里说："孩子的叛逆可能会反复。当孩子用叛逆试探你的耐心的时候，请不要失去信心。坚持下去，不要恐慌。保持前进的步伐，承认自己的不足，远离消极质疑的陷阱。对孩子始终保持宽容，邀请老师、家人共同参与管教。最后，不要忽视你的业余生活，你有精彩人生，孩子才会真正觉得安全。"

真正的教育是自我内在的觉醒，父母和孩子都是独立的精神个体，只有父母通达和觉醒，孩子才能从中感受到正面的力量，坦然和父母分享青春期的烦恼，因为他们知道，倾诉这些烦恼不会让父母轻视自己或者更重视自己，父母只会像面对生活中遇到的某些小麻烦一样，从容地给出合理的建议。

将重心放在自己身上，做好自己，减少对孩子的管控，才是给孩子最好的礼物和对孩子最明智的爱。

四、引导孩子正确面对失败等负面情绪

著名节目主持人白岩松说过："不要教孩子如何赢，要教会他们如何

漂亮地输。"我们身边有太多用力过猛的家长，他们野心勃勃地设计着孩子要如何立于不败之地，到达人生巅峰，为此，他们拼命找好老师、好学校、好培训机构，帮孩子做计划表，目的就是让孩子赢得漂亮。事实上，任何孩子都要面对失败、挫折等，这时候的他们，若是没有良好的引导，很容易陷入恐慌的情绪中，甚至做出极端的事。

如果父母只是一味掌控，自然就无法听见孩子的内心，教育出低挫折商的孩子。孩子无力控制和消解心中的负面情绪，面对困难便会一蹶不振，心态越来越消极。

可见，教会孩子正确面对失败等负面情绪，也能帮助父母减少焦虑，从而相信孩子可以面对和解决更多的青春难题。

每个人的人生都要经历起伏，这并不可怕，不要盯着孩子的青春期，自己先慌了手脚，从而让事情变得更糟糕。

为自己拼搏精彩的人生，给青春期的孩子最大的自由，帮助自己实现自己的梦想，即便梦想微小如蚁，亦值得尊重维护。

青春期的孩子，没有"标配"，他们的个性在这时候精彩纷呈，麻烦亦是层出不穷，但只要父母放下焦虑，轻松坦诚地对待，用心感受他们的内心，相信孩子一定会健康成长。

4 情绪就像龙卷风，说来就来

我朋友刘先生是个非常逗趣的人，他喜欢和所有人开玩笑，包括他的女儿。前几天在一次交谈中，他对我说："女儿进入青春期了，我感觉人生要开花了！"

我有些莫名其妙，问他："为什么？"

他说："因为我现在天天过着一言九'顶'的生活啊！"

看到我一脸疑惑，他笑了笑继续说："你看我女儿，小时候就喜欢在镜子前扭来扭去，我那时候喜欢跟她抬杠，说她扭麻花呢，她也不生气！可自从这小主上了初二，完全像变了个人，吃饭跷着腿，我开玩笑说，小心要跷翻了！她直接把筷子扔了，哎哟，我这小心脏都被她整得不好了！这不，前段时间有次作业没签字，被老师批评了，我好心提醒她，作业记得签字哦！你猜她怎么说？"

我笑着摇了摇头。

"她瞪我一眼说：'我的事我还不知道怎么做要你说啊，你管好你自己别老惹我妈生气。成天损这个损那个，人都被你得罪完了，还不长记性……'类似的事件那是天天有，反正我只要一说她，不管对不对，她先回我九句，所以是一言九'顶'啊！而且她特别情绪化，翻脸比翻书还快，你说这小棉袄咋突然就变成小刺猬了呢?!"

其实像刘先生这样为青春期孩子头疼的家长，我每天都遇到很多。虽然很多父母嘴上说，理解孩子，到了青春期嘛！可面对孩子动不动就发脾气闹情绪的情况，父母心里仍然非常担忧他们的情绪管理问题。这是一个开口闭口都谈情商的互联网时代，很多企业高管更是直言，成功等于百分之二十的智商加百分之八十的情商，所以，没有哪个父母不希望孩子能够更好地管控情绪，有一颗坚韧的小心脏，以面对未来的压力。

我们有必要先认识一下青春期的情绪。

情绪有很多种，一般我们会分为两类：一类是正面情绪，有快乐、自豪等；一类是负面情绪，即生气、愤怒、委屈、痛苦、伤感、仇恨、沮丧等。我们一般说孩子闹情绪，通常都是指生气、委屈，实际上，那些恐惧和沮丧等不良情绪对孩子的影响也很大。

青春期的孩子，想法多而又很不成熟，做事容易冲动，遇到挫折或打击后又容易产生各种负面的情绪。对越亲近的人，他们的情绪往往就越不加掩饰和控制，所以表现得激烈又频繁。

必须说明的是，孩子的这些情绪要释放出来才安全，否则，容易在他们的心里留下"郁结"，一旦"郁结"越积越多，后果不堪设想，甚至会引发很多心理疾病。

父母留意到了孩子的这种情绪，不能想着忍忍就过去了，或者想当然地认为孩子长大了自然就会好。从某种意义上而言，孩子闹情绪发脾气，也是在向父母求助——对于汹涌而来的情绪，除了发泄，他实在不知道怎么办。

面对青春期情绪化的孩子，父母应该怎么做？

首先，父母要接纳孩子闹情绪的状态，也要教孩子接纳这些情绪。如何接纳情绪？父母应该做的是，不要贬低和压制孩子的情绪。常听父母说："你这样做我很失望""这根本没什么大不了的""这点事就把你气成这样吗?!"……这些话告诉孩子的是，你闹情绪是不对的。事实上，每个人都不完美，都会遇到令人生气的事，所以父母要改变"孩子闹情绪，我们是受害者"的想法，要明白坏情绪只不过是一阵风，不消一会儿，它就消失了。如果孩子因对父母不满而大喊大叫，父母需要做的只有一件事，冷静，开导自己，孩子是亲生的，亲生的，他这样做是因为我管教上有漏洞，我得想想怎样才能解决这个问题。

其次，父母要教孩子正确表达情绪。俗话说："恶语伤人六月寒。"青春期孩子虽然有了一定的情绪控制能力，但在闹情绪时，仍然容易出口伤人，这时候语言是他们的武器，父母则成了靶子。所以，平时要多帮助孩子正确表达情绪。著名的心理学大师马歇尔·卢森堡博士在《非暴力沟通》中阐述了他的观点：观察、表达感受、指出原因、提出请求。他说："我们越是将他人的不顺从看作对我们的排斥，我们所表达的愿望就越可能被看作命令。"这便是大多数父母感觉孩子跟自己作对的原因之一。实际上，事情本身并没有问题，而是我们的表达出了问题。比如我的朋友刘先生，他可以选择这样跟女儿沟通："你对爸爸的不满和指责似乎很多，我感觉有些委屈，因为爸爸在说让你坐端正时，并没有生气，只是想让你坐姿优美，我知道你一直是个爱美的孩子。希望你可以多关注爸爸说的事情本身。"

如果父母的表达不是情绪化的，而能理性地指明原因和事实，那么，孩子自然也会模仿这样的表达方式，高效地进行沟通。就像刘先生的女儿，若是他是以这样的方式跟女儿沟通的，相信女儿也能够正确地表达自己的想法："爸爸，你这样开玩笑我很不喜欢，我感觉是在被嘲笑，因为这是个很小的事情，不需要过于关注。我更希望你能多看看我的优点。"

最后也是最重要的，父母要帮助孩子化解不良情绪。要化解孩子的不良情绪，首先要想想，当你心情很不好的时候，你做什么会让心情变得好一点。这就是我们常说的情绪调整，这种能力关乎我们的生活、学习、社交等每一方面，可见其重要性。对于孩子而言，更是如此。

　　2018 年 3 月，沈阳 17 岁的高三女生因为一次考试成绩不理想，趁着母亲做饭，跳楼自杀；2017 年，连云港市一初中学生在考试中使用手机，老师在将手机没收的过程中打了他脸部一下，随后他假借上厕所，跳楼自杀……

最近几年，这种悲剧时有上演，究其原因，就是孩子在面对不良情绪时，无法顺利度过这个坎，从而采取激烈又悲剧的方式来解决。

在孩子青春期最敏感的时候，父母就要让孩子拥有化解不良情绪的能力，这样即便父母不在身边，孩子也有办法帮助自己。那么，父母要如何做才能达到这一目的呢？

一、鼓励孩子发泄情绪

之前提过，青春期孩子闹情绪是好事，因为他们有太多的情感需要宣泄出来，否则会堵，所以，父母可以鼓励孩子不要憋着。举一个简单的例子，青春期孩子最常遇到的问题便是学业压力，随之而来的是，严厉一点的老师就成了孩子们经常抱怨的对象。大多数父母都听过类似的话："妈，你不知道我们老师有多烦，这个题都抄过三次了，没完没了的……""我们老师简直有病，因为我们组一个同学没带作业，他让我们全组罚站……"面对这种唠叨式的抱怨或者发泄，如果认真，你就输了！有些父母非常正义地说："老师这么做可都是为了你们啊！""怎么能这么说老师呢?!"这不亚于给孩子当头一棒——"不能这么说话！"那以后，他还能放松地说话吗？起码不会再对父母畅所欲言了！所以，父母即便不同意孩子的观点，也可以当一个树洞，认真倾听，让孩子将情绪垃圾尽可能多地清理出来。这种语言发泄，最方便最高效，发泄完的孩子能很快恢复正常。

除了鼓励语言发泄，还可以准备一些孩子爱吃的食物，让美食治愈孩子的烦闷，其实这些方式也同样适用于很多成人。只要不影响健康，这种不伤害别人的发泄应多加鼓励。

二、帮孩子培养一门兴趣

情绪控制能力的本质，是体内神经元之间的信号传递，而中脑的神经递质多巴胺，直接影响人们的情绪。研究表明，多巴胺分泌增加，我们的情感就变得兴奋、快乐。兴趣，便是让我们增加分泌多巴胺的有效方式之一，所以，对于青春期孩子而言，培养一门兴趣，大有裨益，尤其是体育类的活动，如打篮球、打羽毛球、踢足球、跑步，等等，都可以很好地帮助孩子释放及改善不良情绪。

三、周期性情绪演练

这个相对而言最具有难度，因为需要父母付出更多的精力，但也绝对是最值得努力的方式。具体来说，就是和孩子玩一些情绪演练游戏。第一步，当孩子闹情绪后，引导孩子自己写出原因，是什么人或什么事让自己生气呢？可以隔两天进行一次，也可以按孩子的情绪周期进行，将这些笔记都积累下来。第二步，分析孩子情绪容易爆发的节点在哪里，是某个人还是某件事？第三步，陪孩子一起进行深层次分析，这些人和事为什么会让他生气？并找出内在因素。前几天，有个叫小丸的同学留言说她很讨厌一个同学，因为那个同学总是嘲笑她脸上有斑，她每次碰到那个同学后，回家就忍不住要对父母发脾气。我们可以归纳出一条线：讨厌同学—嘲笑自己—不良情绪。从这里可以看出什么？因为小丸自己认同了那位同学所说的事实，并且从内心里也认定长斑是很糟糕的事，而这归根于父母的遗传，所以她回家朝父母发脾气。那么，接下来如何做？大多数人可以选择离那个让自己生气的人远一点，但这并不能解决最根本的问题，根本的问题还是内因，所以第四步，平衡自己的弱势或情绪点，改善情绪状态。比如小丸，在认知上可以调整为，长斑是一件很普遍的事，很多模特、明星脸上都有斑呢！坦然接纳，从而平衡心态。情绪演练做得越多，孩子对情绪的归纳总结和化解能力就越强，也更有收益。

孩子的成长也是父母的成长，在情绪管理上，我们成人也一样，有时候遇到一件事或者一个人，会导致自己陷入不良情绪中。所以，在管教孩子的同时，我们更要多地反思自己，提升自己的情绪管控能力，在面对情绪飓风时，有能力分析清楚并找到合理的解决方式，以身作则，营造出温暖、快乐的家庭氛围，这比孩子的学业更重要。

5 冲突加剧?! 这才是跨越式成长的好机会

外面下雨，孩子出门，你让他带把伞，他不带，你苦口婆心地讲，淋湿了会生病，他不耐烦地把卫衣的帽子一抖，戴到头上，头也不回地走了；班主任发短信，让家长多督促下孩子的作业，可你坐在孩子旁边，孩子扭来扭去，就是不肯好好写作业，你提醒他时间有限，他回一句你先出去；孩子拿着手机做作业，一个小时还没做完，你说他又在玩手机，他气愤地说你血口喷人，顺便再把门锁上；考试考砸了，你尽可能地压制自己的怒火，对他晓之以理，动之以情，可还是让他横挑鼻子竖挑眼，明明是他错了，搞得像是你错了……

只要家里有个青春期的孩子，相信以上的经历大多数父母都有过，于是我们经常听到父母无奈地感慨：越大越不懂事，都没法沟通了！

在青春期孩子的眼中，唠叨不休、指手画脚的父母面目实在可憎，我已经忍耐到了极限，现在自己已经成长，无须再忍，适时要让他们知道，我不是他们操纵的傀儡了；在父母眼中，藐视父母、叛逆跋扈的孩子更是无法无天，我为他付出那么多，却得不到一个好脸色，岂有此理?!

于是，冲突一再加剧，甚至水火不容。

这世上，父母永远在等孩子感谢，孩子永远在等父母道歉。

青春期，是孩子和父母矛盾最剧烈的时期，同时，也是孩子飞跃式成长的时期。

这时期的孩子面临生理、心理的急速变化，出现一系列青春期的问题，但父母如果引导得当，孩子的成长也是惊人的。以下五个方面，非常值得父母学习和运用：

一、从幕前转到幕后

一直以来，都是父母领着孩子走路，父母决定上什么培训班、去什么地方游玩，等等。而进入青春期的孩子，他们更希望的是他们带着父母，他们决定上什么课、去哪里玩。这时候的父母，应理性地选择站在孩子身后，让孩子自己去经历风吹雨打，在孩子需要的时候出手相助即可。这种位置的转换，让孩子感受到平等、民主、信任和尊重，让孩子有了更多成长的空间。青春期的孩子急需要通过这种自我主导性来获得认同感；反之，他们大多会选择对立或者反叛的方式来向父母抗议。上次就碰到一个妈妈向我吐苦水，她给初三的儿子报了三个培训班，现在每次上课前儿子就闹情绪，责怪妈妈："这都是你要我上的，又不是我想上的！"

二、管教方法从"收"变为"放"

几乎所有的父母都觉得青春期的孩子容易变坏，担心孩子早恋，担心孩子学习成绩下降，担心孩子走上歪路，所以对青春期的孩子管教得很严格，交友、学习、生活，面面俱到，稍不留意，孩子犯个错误，父母马上就想当然地认为："你看，我不管就更糟糕了！"我甚至听过很多父母说："尽力管都很糟糕，不管都不敢想了！"正如父母所担心的，在严格管控下的孩子变得越来越叛逆，而事实上，这只是青春期孩子为了自由，努力摆脱父母而做的反抗。

所以，父母应该学着对青春期的孩子放手，让孩子负责自己的生活和学习，让孩子从错误里吸取教训，锻炼自立能力。

德国著名儿童教育家舒马赫曾说："给孩子多多提供尝试机会也是实施挫折教育的有机组成部分。孩子一旦被剥夺了尝试的机会，也就等于被剥夺了犯错误和改正错误的机会，因此也不可能迈向成功之路。"

杰弗里·伯恩斯坦在《叛逆不是孩子的错》里指出，父母要改变管控的心态，需要时常记住这三点：1. 应对孩子，不要操控他，而是要赋权让他自我感觉良好；2. 当你心平气和、果断坚决地表达你的看法和信念时，你的孩子更可能会听；3. 没有哪个成人讲过由于父母太理解他们而度过了一个可怕的童年。

话说回来，那些喜欢管控孩子的父母，就算现在对孩子的控制成功了，以后付出的代价将是，与孩子渐行渐远，产生更大的隔阂。

三、多鼓励少批评

青春期的孩子对于父母给予的评价非常敏感，你说孩子笨，他真的就会笨给你看；你说他骗人，他真的就会骗人；反正你不信任孩子，就别指望孩子会给你好结果。所以，聪明的父母都瞪大了双眼，找出孩子的优点，不断放大，同时自动屏蔽那些让人恼火的缺点。要知道，负面标签会让孩子认为，自己的确不好，从而真的就越来越不好。青春期孩子最需要的是父母的肯定和正面鼓励，最怕的就是咄咄逼人，让孩子承认了错误再去打翻身仗的父母，这样的父母会让他们倍感挫折。美国教育学家简·尼尔森在《正面管教》里说："惩罚虽然能暂时制止不良行为，但不能永久性地解决问题。只有通过鼓励来帮助孩子体验到归属感和价值感，才能获得长期的积极效果。"

四、商量比命令更有效

在成人的世界里，我们需要别人帮忙时，大多数人都是客气礼貌的，"能不能帮我一下"比"快来帮下忙"更能让别人伸出援手。换位思考一下，当别人需要我们帮忙时，我们自己更喜欢哪种措辞呢？比如我们挡住了别人的去路，"让开，我要过去"和"不好意思，能让一下吗"，显然，我们更容易接受后者。可见，在交流方式中，商量永远比命令更容易让人接受。对孩子而言，自然也是如此。当孩子不愿意放下手机时，父母都会恼火地喊："马上放下手机，快做作业。"而孩子总会嘴上答应，却不行动，究其原因，青春期的孩子已经不再听命于父母，在他们的眼中，父母已经不再是权威了，于是经常阳奉阴违。这时候父母可以改命令为商量："今天作业至少需要一个半小时，我们是不是要马上开始了？"若孩子还是无动于衷，可以再给予孩子选择权："现在玩 5 分钟手机还是等做完作业再玩 10 分钟手机呢？"孩子当然喜欢玩 10 分钟，那么，父母可以再强调一下："我尊重你的选择，相信一个半小时后，手机就又可以归你玩了。"这样温和的商量，比命令更有效。

五、身教大于言传

我见过很多家长，带孩子上培训班或者陪孩子做作业时，都是眼不离手机，即便是在处理工作，但在孩子眼中，父母都在玩手机，却要他努力学习，好好写作业，他心里很容易失去平衡，尤其是进入青春期开始反抗父母的孩子。如果父母自身都贪玩，孩子怎么能静下心学习？还有些父母，因为担心孩子不明事理，所以动辄给孩子灌输各种大道理，无形中让孩子心生反感。在知乎有一则调查结果：让青春期孩子最反感的父母行为中，首位的就是"唠叨"。而往往，言传很容易就变成了唠叨。

现代教育家陈鹤琴说："做父母的不得不事事谨慎，务使己身堪有作则之价值。"父母不管做什么，不管有意无意，对孩子来说都是榜样。孩子最善于模仿，父母如果不注意自己的小节，言行举止不当，很容易给孩子造成负面的影响。

"十年树木，百年树人"，教育从来不是一件容易的事，尤其是教育青春期孩子。若是父母绷紧了弦，对孩子的一举一动都过于在意关注，无形之中就放大了负面之处，给孩子施加许多无形的压力，导致亲子冲突日益加剧。而往往，有问题才有成长，有问题才有机会，青春期正是孩子成长过程中最后一个可塑性极强的敏感期，越早正视，越利于孩子的成长。

孩子的成长是"单程旅行"，是不可逆的，错过了教育的最佳时机也就错过了孩子最佳的成长发展期，希望父母们珍惜这种机会，让孩子健康地长大。

6 你的孩子是哪种性格（九型人格）

我恨不得变成她肚子里的蛔虫，看看她究竟是怎么想的！前一秒还有说有笑，后一秒就又喊又叫。

要了解自己孩子怎么想的没毛病，有毛病的是，这孩子大了，你越想了解他，他越躲着你，有时候看他似乎很懂事，有时候又蛮不讲理，有时候很善良，有时候又很冷漠……

看孩子越来越像雾里看花了，如果有一种魔法，能帮我看清楚自己孩子，花多少钱我都愿意。

……

这些话来自不同的场合，同一种身份——青春期孩子的父母。

青春期的孩子，与叛逆、暴躁、沉默、情绪化息息相关，但同时也会表现出热情、细心、严谨等特征，所以，父母是无法准确地总结青春期孩子的特点的。人的性格是多元的，孩子也一样，有很多面，想要更清楚地了解青春期孩子，不妨先来认真学习一下九型人格。

在性格心理学中，九型人格是一套最为实用的学问。父母可通过性格类型的特点看到孩子的思维模式、情绪模式以及行为模式的规律，更准确地认知孩子、理解孩子，帮助孩子挖掘潜力，提升综合能力。

1号：完美型孩子

[**自我说明**] 我觉得凡事都应该有规有矩，我一直坚持自己的标准。我理性正直，做事有原则、有条理、有效率，事事力求完美，但别人说我过于挑剔、吹毛求疵。

[**行为特点**] 对错黑白分明，坚守原则，认为自己掌握了真理。对人对己都是高标准，自己出错会自责，别人出错也会毫不客气地指出。这一型的孩子自律性强，重视高效，力求完美，不喜欢表扬别人。

[**语言特点**] 直接指出问题，简明扼要、干脆利落，无模棱两可的字句，讲道理时语速较快。

[**父母相处重点**] 完美型孩子是老师和家长眼中的榜样，他们非常重视被尊重的感觉，所以父母一定要表现出对孩子的完全尊重，如果自身有什么过失，选择坦白承认，会与完美型孩子相处得更好。

2号：助人型孩子

[**自我说明**] 我乐于付出（随时随地帮人），善解人意，容易与他人相处，同时我也渴望爱与关怀，可别人却往往忽视我的感受。

[**行为特点**] 这类孩子非常富有爱心，他们喜欢帮助别人，能很好地感知他人的感受和需求，不懂得拒绝别人，所以，往往牺牲自己的感受和利益。原则性不强，有时显得缺少主见。因被依赖而获得成就感，在别人身上体现自我价值，不懂得照顾自己的内心世界。关注人多过关注事情。

给人亲切、温和的感觉。

[**语言特点**] 说话方式比较迎合讨好，或者喜欢说教。

[**父母相处重点**] 他们的内心很渴望得到爱护和关注，所以父母一定要给予他们更多的爱，多陪伴他们；同时要鼓励他们表达自己的想法，坚持做自己。

3号：成就型孩子

[**自我说明**] 我相信天下没有不可能的事，我渴望成为学霸，被别人肯定、关注并羡慕。他们都说我性子急，爱比较，喜欢追求一个又一个的目标。

[**行为特点**] 结果比过程更重要，有时为达目的有些不择手段。认真拼命，渴望获得所有人的认可，个人价值维系在外在的成就感上，重视个人形象、面子。适应能力强。是正能量学生，自信心强、竞争心强，喜欢表现，享受被关注。但情感薄弱，不善于表达自己的内心感受。

[**语言特点**] 说话语速通常较快，直接，铿锵有力，自信。谈话内容擅长展示自己，喜欢说"我可以""绝对可行""保证完成"等。

[**父母相处重点**] 成就型孩子重视成就感，他们需要父母的关注和赞扬，这是对他们最好的爱，但父母要避免过多地干涉他们的学习和生活；同时，要适当鼓励他们表达自己的真实感受。

4号：自我型孩子

[**自我说明**] 我时常觉得自己独一无二，我容易情绪化，情感丰富，当然，这有时又让我觉得自己有缺憾和不足。我渴望别人多了解我的内心

感受，可惜没人能真正明白我。

[**性格特点**] 讲究个性，渴望与众不同，容易情绪化。有时不太善于表达自己的感受，不喜欢被别人否定，但又不擅长辩论。创新能力较强，崇尚自由，不喜欢被约束。渴望获得别人的欣赏和肯定，但并不喜欢追求名望。占有欲强。

[**语言特点**] 缺少数据分析和理性判断，说话比较感性自我。

[**父母相处重点**] 这类型的孩子容易多愁善感，遇事比较情绪化，父母对他们要多宽容多理解，给予更多的关心，多一些温和的鼓励，让他们能大胆地表达自己的感受；鼓励他们理性地分析问题，自信一些。

5号：理智型孩子

[**自我说明**] 我喜欢思考，追求知识，渴望比别人知道得更多、懂得更多，渴望了解周遭一切事物的原理、结构、因果以至宏观全局。我觉得做人要有深度，我不喜欢说好听的话，容易让别人觉得太"不懂人情世故"。

[**行为特点**] 勤于思考，渴望知识，想用自己的智慧和理论去驾驭他人。分析能力强，做事有条理，不喜欢被打扰；喜欢分析事物，因而看起来清高深沉，和人有距离感。

[**语言特点**] 说话方式多为分析、论证，说话就事论事，没有废话。

[**父母相处重点**] 理智型孩子最需要的是独立的空间，父母可以大胆放手，尊重他们的意愿；同时适当示弱，多表达对孩子的爱意，让孩子多一些温暖的感觉，在情感上更柔和一些。

6 号：疑惑型孩子

[**自我说明**] 我为人忠诚，但内心深处常忧虑不安，重视安全，为此喜欢拖延。我不太自信，需要获得别人的肯定。

[**行为特点**] 这类孩子最大的特征是谨慎，凡事都往坏处想，凡事做最坏的打算，分析能力强，害怕暴露自己的弱点，但遇到困难时，他们会表现得非常好。不轻易相信别人，不喜欢被注视，不喜欢换环境，会为别人的事情竭尽全力。

[**语言特点**] 说话时总会留一手，不会把话说满，谨慎，很少说"绝对""一定"，更多地用"有可能""也许"这样的模糊词语。

[**父母相处重点**] 忠厚的疑惑型孩子，在父母眼中显得有些胆怯、弱势，所以父母要帮助他们一起分析问题，解决问题，不要为此指责他们。同时，父母也要多带领他们去尝试新鲜事物，多鼓励他们参与新颖的活动，大胆地展示自己、表达自己。

7 号：活跃型孩子

[**自我说明**] 我喜欢一切新鲜好玩的东西，我要自由和快乐，不要沉闷，讨厌重复的事情。

[**行为特点**] 乐观是这类孩子最明显的特征，他们因为喜欢新鲜事物，所以会不停地尝试，多才多艺，兴趣广泛。这类孩子精力充沛，有时懒惰，以自我为中心，不太愿意面对负面信息。

[**语言特点**] 跳跃性强，能言善辩，语不惊人死不休。喜欢打岔和插嘴，说话比较冲动直接，容易得罪人。比较幽默，善于调动气氛。

［**父母相处重点**］这类型的孩子不喜欢循规蹈矩，最怕的就是被约束，所以父母在管教时可以多用趣味性的方式。同时，要引导他们关注别人的感受，避免他们太自我。鼓励他们勇敢面对难题和负面事件，增强理性分析能力。

8号：领袖型孩子

［**自我说明**］我喜欢直截了当，不愿意受制于人，我富有正义感，渴望被尊重，喜欢带领并保护他人，但有时会让别人感觉很霸道。

［**行为特点**］这类孩子有很强的领导意识，喜欢有人追随他、依赖他，不喜欢弱者。个性比较突出，有时霸道专横，不介意和人对抗、冲突，不易服输。做事比较直接，雷厉风行，比较容易忽略他人的感受。

［**语言特点**］喜欢控制说话节奏，多用直白式或命令式，不拘小节，易冲动。常说的话是"就这么定了""车到山前必有路，做了再说"等。

［**父母相处重点**］在九型人格中，领袖型孩子最有攻击性，容易得罪人，但同时，他们也很敏感，喜欢隐藏自己的内心，不敢表现出脆弱，是比较令父母担心的一类孩子。父母除了要关注孩子的安全，引导他们和别人和平相处，还要多爱护他们，让他们内心有足够的安全感。

9号：和平型孩子

［**自我说明**］我崇尚和平，愿意以忍耐换取风平浪静，凡事随遇而安。我害怕冲突和斗争，容易退缩让步，甚至委屈自己。在别人眼中，有时显得"优柔寡断"。

［**行为特点**］这类型的孩子非常重视和谐，为人被动，不会拒绝别人，

遇到问题喜欢逃避，坚信和为贵，所以宁愿息事宁人，委屈自己，即便是自己认为正确的事，遇到阻力时也会选择放弃。常常将专注力放在别人身上。

[语言特点] 语调多半都是慢条斯理、不慌不忙，能不说就不说，但也会非常清楚地明白事情的重点，只是不愿意拿主意。喜欢说"无所谓""都可以""随便"等。

[父母相处重点] 和平型孩子的父母最紧张的就是孩子的成绩了，因为这类型的孩子个性非常淡泊，让父母很着急。父母要做的，是有意识、有条理地帮助孩子合理安排生活和学习，不要过分催逼，多鼓励他们表达自己的想法并学着说"不"，增强他们的恒心和韧性。

在九型人格中，每一型都有各自的优缺点。我们不难发现，没有一个孩子是完全属于一个类型的，在每个孩子身上，我们可以发现多型人格，比如我们的孩子可能是 7 号活跃型孩子，但有时候又表现出 9 号和平型人格的退缩，甚至会表现出矛盾的两面，这主要是因为面对生活和学习，有很多诱因引发孩子们的特征转化，这也是人格整合的过程。一般来说，转化有两个方向：

第一：1⇌7⇌5⇌8⇌2⇌4⇌1

第二：9⇌3⇌6⇌9

顺向为人格升华方向，逆向为人格恶化方向。正如我们提到的，当 2 号助人型孩子心理健康时，他会同时出现 4 号自我型的健康特征，变得富有创造力；而当心理不健康时，他会出现 8 号领袖型的不健康特征，比如有些偏执冲动。

父母需要想办法，让孩子沿着人格升华的整合方向提升，除了提供健康的成长环境，还需要做有效的引导和示范。具体来说，人格升华的整合方向及其所取得的提升表现是：

1→7：放下拘谨，宽容乐观，敢于尝试，获得"开朗"；

7→5：减少冲动，处事冷静，深入思考，获得"理智"；

5→8：坚强勇敢，果断自信，言出必行，获得"威信"；

8→2：热情友善，乐于助人，心胸开放，获得"纯真"；

2→4：坚持心愿，自我享受，爱人爱己，获得"谦卑"；

4→1：安分守己，是非分明，客观冷静，获得"平衡"；

3→6：尽责细心，三思后行，忠心耿耿，获得"忠诚"；

6→9：随遇而安，放下焦虑，说服别人，获得"信任"；

9→3：目标明确，勤快积极，自我挑战，获得"果断"。

九型人格理论为我们的育儿管教提供了切实可行的参考。每个孩子都是独一无二的，同时，成长又有迹可循，我们需要为孩子提供发展和变化的机会，并适时引导他们不断升华，学会扬长避短，克服缺点，帮助孩子构建健全的人格，树立积极的目标，为美好的未来打下坚实的基础。

学会倾听：尊重孩子的想法，克制自己的感受

爱孩子的心没有错，可行动往往有偏差，听听孩子怎么说，你才知道该怎么做。

1 "听你的!"——父母最动听的话

这两年有档节目很火,叫《少年说》,是专门关注少年健康和成长心理的表述类节目。节目里,孩子们都鼓起勇气,到勇气台上将最想对父母说的话倾吐出来。有个孩子和母亲的对话,让我印象特别深刻。

那个女孩叫彭菀杰,特别喜欢跳拉丁舞,但因为她的成绩下降,拉丁舞课被妈妈停掉了。她非常渴望能再次学习跳舞,她已经练了7年多,过了12级,却得不到父母的支持。在节目中,彭菀杰跳了一段舞,这时候的她开心又自信,眼里发着光。台下的妈妈虽然很欣慰,但对于恢复舞蹈课却只说会考虑。彭菀杰忍不住脱口而出:"如果你反悔了怎么办?"妈妈表示不会反悔的,但必须要她成绩进全校前一百名才可以。彭菀杰在台上结巴半天才喊出来:"这么高的要求,我做不到!!"妈妈嘴上说着:"你努力就好,我会看到你的努力的。"女儿说打个折,把目标降到200名吧,妈妈又精明地说:"不行,至少150名!"

……

作为旁观者,我们都心疼女孩,觉得妈妈不但过于霸道,而且非常精明。当然，这个妈妈的出发点是：为了孩子的成绩，也为了孩子的未来，何错之有？事实上，父母中的很多人，都像这个妈妈一样，"为了孩子好""为了孩子有个好的将来"，早早给孩子设计好一条康庄大道，孩子只需要沿着这个方向努力前进就行了。作为父母，上天给予我们这种责任和义务，可我们却忘了，孩子是和我们平等的人，他们有自己的权利和自由，所有为他们付出的努力都必须建立在尊重他们的基础之上，而不是"父母走过的路多，吃过的盐多""父母有权利用最好的方式影响自己的孩子"等等。

青春期的孩子最大的变化就是生理和心理的迅速成长，他们渴望父母能够以平等的身份对待他们，也渴望能够"当家做主"，如果父母时刻紧抓主权，不肯放松，孩子的自我学习能力、自我保护意识以及成长的责任感都会大打折扣，甚至会养成依赖型的人格。

前段时间，一个朋友就向我诉苦，说她的女儿进入青春期后，之前上得挺好的书法培训课，现在不肯去了，之前说好的每周练琴也不肯练了，坐没坐相，吃没吃相，天冷的时候偏穿薄的，连喝水都要人提醒……这类琐事简直数不胜数，而且每次一说她，她都马上怼回来，还头头是道："我又不是傻子，凭什么都要听你的！"

"你说孩子是不是故意的？"朋友担忧地问。

我说，你可以试着听听孩子的话。

在孩子进入青春期后，父母就需要建立起一种界限感，把孩子当成一个独立的个体，在合理的区域里，听听孩子的话，尊重他的想法和行为，这更有助于培养孩子的独立思考能力。研究表明，一个孩子如果一直被父母控制，常常被贴上各种标签，长大后就会很在意他人的眼光和评价，看不到自己真实的需要。根据社会心理学"理由不足效应"，父母以非强制性方式诱发好的行为，更容易使孩子内化正确的态度。

说到这里，肯定会有不少的父母有疑惑：尊重孩子，难道是我们要听从孩子的所有意愿吗？当然不是，尊重孩子，不是完全按照孩子的意愿行事，更不是委曲求全。尊重孩子，不是从不拒绝和阻止孩子，而是不带恶意（所谓恶意就是贬损、威胁、嘲笑、怒骂等）地拒绝和阻止孩子。尊重孩子，不是讨好孩子，更不是向孩子妥协，而是父母平等对待孩子的一种姿态。

尊重孩子，是尊重他是一个独立的生命个体，尊重他拥有不同的想法和意见，尊重他的感受，尊重他这个人，并非是接受他的所有行为。尊重的前提是，给孩子自由的边界和规则，明确限制孩子的"过分行为"。有些事事关重大，比如专业选择，会影响到未来的就业和工作，收入和生活质量，等等，虽说父母要尊重孩子，但凭孩子的认知还不足以了解这些，该怎么办？父母引导孩子成长，本来就是职责所在，所以，父母要帮孩子分析他的选择背后的重大关系，比如因为专业不好就业，未来可能收入不佳，无法保证生活质量，进而也影响到婚姻和父母，双方就这些问题展开讨论和协商，一起找出双方都满意的方案。如果孩子还是一意孤行，我的建议是，仍然听孩子的！没有什么工作永远是最好的，随着社会的多元化快速发展，人们赚钱的方式也越来越多，无须用今天固定的思维去培养孩子，就放手让孩子多去尝试，让他找到适合自己的道路。

父母只要从这三个方面来"听命于"孩子，不久后，你会发现，孩子不但没有学坏，反而学会了仔细观察、独立思考、勤于总结，并且越来越有担当，解决问题的能力也是杠杠的。

一、让孩子自己做主

青春期的孩子，已经有了足够的知识和生活能力，所以，对于孩子的吃、穿、用、玩、培训科目、报考专业以及社交等，父母都请先听孩子怎么说，然后分析利弊，如果不合自己的心意，或者有严重的问题，要以温和商量的口吻给孩子提供参考建议，原则性的问题要合理引导，但无论父母怎么做，最后都要让孩子自己去拿主意，这样才能培养他们的自立性。

二、让孩子感到被尊重和重视

听孩子的话，并不意味着父母对孩子的生活和学习不闻不问，而是要尽可能地融入孩子的生活和学习中，通过老师了解孩子的学习情况，通过聊天等掌握孩子的交友、兴趣等信息，积极支持孩子的各种兴趣活动，当孩子遇到挫折时静静倾听，当孩子被打击时轻声安慰鼓励。有个老师就说过，很多时候，孩子需要的是父母的耳朵，而不是嘴巴。这种有界限感的参与和关注，能让孩子明白他是重要的，是被父母尊重的。

三、尊重孩子的成长需求

有个妈妈说，她孩子学习成绩很好，但让她生气的是，孩子总是玩游戏，为了改正孩子的"毛病"，她骂过孩子很多次，甚至也动手打过，孩子非但没有改，反而私下攒钱买了装备。这个妈妈最大的问题是，没有尊重孩子的物质需求，没有觉察到是自己的控制欲让孩子没有发展出与年龄段相适应的个人空间，强制性让孩子戒掉游戏，就是扑灭孩子对独立空间的渴望。青春期的孩子，会有多种需求，拥有隐私空间的需求、自由交友的需求、必要的物质需求，等等，父母越是严格控制，孩子越容易失去正常的分析能力，从而焦虑、担心，表现在外在，就会沉默或者叛逆，与父母保持距离。所以，孩子到了青春期，父母需要尊重孩子的这些成长需求，帮助他们拨开迷雾，揭开谜团，找到正确的方向。比如孩子对异性感兴趣，就适当给孩子进行一些青春期的性教育，坦诚沟通，然后让孩子自己去处理这些情感。对于不符合实际的过分需求，父母则要明确地拒绝并说明理由。

已经有越来越多的研究和数据证明，被尊重的孩子拥有高价值感，快乐，自信，抗压能力强，自我认可程度高，自我保护能力强，能客观地评价自己，无障碍地表达自我，心安理得地索爱，并能客观地评价周围的环境，与人交往时最小化投射敌意。

印度哲学家克里希那穆提在《一生的学习》里说："如果我们不尊重孩子，而只是以奖赏引诱他，或以惩罚威吓他，那么我们便是助长了他获得利益的观念和恐惧感。由于我们自己所受的教养，是为了有所收获才采取行动，所以，我们不知道有一种不含有获取利益之欲望的行动。正确的教育是鼓励孩子对他人尊重体谅，而无需任何的诱饵和威吓。"

2 生活就是你爱说，我爱听

引导孩子的人生，不是在孩子身上复制我们的人生观，而是认真倾听孩子的声音，引出孩子内心的渴望，帮助他成长为自己想成为的样子。

天下父母，除了一些极端个例，没有人不爱自己的孩子。爱孩子，所以给他自己所能给予的一切。

但对于青春期的孩子而言，他们不只需要物质上的满足，还需要心灵上的满足，后者却往往被父母们忽视。大多数父母都是："你喜欢香蕉，可是我给了你一车苹果，然后我说我都被自己感动了，问你为什么不感动。你无言以对。我花光了所有的钱给你买了一车苹果，可是你没有一点点感动，你一定是一个铁石心肠的人！"其实父母忽略了孩子喜欢的是香蕉啊……

父母很不甘心，因为他们的付出得不到孩子的理解和回报；而孩子也不开心，因为父母给予他们的，都不是他们真正需要的。

为什么会这样？因为在我们的父母和孩子中间，少了一双倾听的耳朵。

我有一个14岁的远房表妹，叫小文，突然患了抑郁症，她父母百思不得其解。

"这孩子之前挺活泼好动的，就是上中学后，突然间不怎么说话了，女孩子长大了不都少言，谁会想到，她突然得上这种病，真是想不通！"她父亲，我的表舅边跟我说，边连着叹了几口气。

厌学、爱哭、爱发脾气，有时又说肚子疼……这些都是小文那段时间的表现。之前和同学打成一片的她，后来越来越孤僻，上课不专心，成绩开始下降，对老师很反感。而我的表舅和表舅妈也是将全部心血都用在孩子身上，孩子有什么要求都尽量满足，而且不管工作多忙，每天都抽出时间陪孩子。

小文却跟我说，父母虽然在家陪她，但不时打电话看手机，从来没有用心听过自己讲话。她上初中后压力很大，但父母要求高，如果她的成绩掉出 10 名以外，他们就会特别焦虑，她因此感到特别压抑。

孩子的心是最敏感的，他们需要的不是低质量的沉默和守护，而是高质量的倾听和陪伴。而父母却只关心孩子身体健康与否，学习好不好，从没想到要过问孩子的内心世界。

《青少年心理健康状况调查报告》显示：54.8% 的学生遇到烦恼会向朋友诉说排解，27.9% 的学生会向家长诉说，28.8% 的学生会压在心底生闷气，1.2% 的学生会找老师倾诉。

孩子的心理表现很明显，他们有话、有秘密想倾吐，对父母或老师却又缄默不言。孩子的心情得不到纾解，就会出现压抑、焦虑与抑郁等问题。调查中说，大部分学生感觉如果能经常向父母倾诉，他们会有幸福感。

父母作为孩子最亲近的人，是孩子在生活学习中最好的倾听者和陪伴者，可是，为什么父母就没有听到孩子内心的声音呢？虽然父母想知道孩子在想什么，渴望孩子能说说心里话，但是有些青春期的孩子，已经对父母锁上了他们的心门。

为什么会这样？主要原因有以下三点：

一、孩子一开口就被堵住

在《少年说》里，常年生活在学霸闺蜜阴影下的初中女生登上天台，向总是拿她和别人家孩子比较的妈妈说："我也很努力啊！"可妈妈马上指出了她学习上的诸多问题。女孩又说，每次都被批评施压，自己很难受。妈妈却说："因为不打击你，你会飘。"当女孩再次为自己争取，希望妈妈能看到自己好的一面时，妈妈却反问道："为什么妈妈的要求你都达不到？"最后，女孩知道说不动妈妈，委屈地哭着下了台。相信看过的人都会心疼女孩。不难想到的是，这个女孩，恐怕以后很难再鼓起勇气跟妈妈沟通了！不知道有多少孩子，有这样的经历：一开口，就会被父母堵住嘴巴，到最后，就再也不想开口了。有些父母，总是想当然地认为，将孩子怼回去，是希望孩子看到他自己的缺点，比如，孩子说："这次考试每门功课都在90分以上了！"父母会说："这个成绩难道值得骄傲吗？"当孩子在学校和同学发生矛盾，向父母诉苦："那个男生老是欺负我，烦死了！"父母却来了句："他怎么不欺负别人呢？肯定是你哪里做得不好！"比起不会好好说话，不会好好听话才是我们很多父母的问题。

二、父母不愿意花时间倾听孩子

大家都说，做父母压力好大，天天跟在后面伺候小主们，人家还不待见。想想看，除了吃穿和学习，父母还关心孩子的什么呢？孩子回到家，高兴地告诉父母："今天我们班新来了一个同学，特别幽默……"不等孩子说完，父母马上接过话："哦，你今天作业多吗？"孩子还想说说自己的感受："那个同学特别会讲段子，我们都听得哈哈大笑。"父母心不在焉地说："哦，快开始写作业。"孩子的心情就像坐过山车一样，一下子从高处掉落下来。孩子的心灵感受对于父母而言，永远没有学习重要，这对于孩子来说，是一件非常残酷的事情。

三、父母的重心永远是"纠正孩子的问题"

无论孩子怎么说，说多少，父母最核心的问题永远是："你应该……""你必须要……"如果父母不能意识到倾听比纠错更重要，实际上是把本属于自己的责任推到了孩子的身上，孩子就再也不愿意告诉父母他为什么这么做，久而久之，亲子沟通就会大打折扣。

没有被父母好好倾听的孩子，以后会变成什么样子呢？

孩子说了，但是被反驳，被惩罚，或者被忽视，这对他们而言，就是一种情感拒绝。经常被拒绝的孩子，很难再向父母坦露心声，与此同时，也可能衍生出以下这些不健康的应对方式：

一、表面顺从，私下叛逆——被动攻击

有个孩子说：只要我说"我想""我要""我打算"时，妈妈总是不等我说完，便迫不及待地反驳我、阻止我。后来，我就开始说谎，与其让她不停地说我，不如我悄悄做了，不告诉她或者瞒着她。有时候她让我做

事，我也不想好好做，以此来表示我的不满。

当孩子产生和父母对抗的情绪后，他们就选择表面顺从，私下用其他方式来表达不满和反抗。这种对抗，不但消耗了孩子和父母的感情，也会让孩子陷入孤独和沉默中。

二、那就算了吧——自我压抑

长期得不到父母的理解，心理需求无法被满足时，消极情绪便油然而生，孩子就会劝自己：既然不行就算了吧，反正说了也没用，我也无所谓了！这种亲子关系中的孩子，基本上都会选择压抑自己的想法，顺从于父母。但内心的压抑会越积越多，从而埋下很多心理隐患。

三、原来是我的不对——自我否定

孩子说话不被倾听，感觉不到父母的关注和尊重，便会产生自我否定。比如，一个怕黑的孩子被要求关灯睡觉时，他会表现出害怕和恐惧，父母则简单粗暴地认为：都这么大了，还怕黑，矫情！从而指责孩子。孩子就认为，自己的确不应该这样怕黑。一个动不动就产生自我怀疑的孩子，自然而然会活在自我否定中，变得越来越没有自信。

讲道理、爱孩子的父母常有，愿意倾听孩子说话的父母却不常有。

当孩子受了委屈，遇到挫折时，只有父母的倾听与表达的关爱之心，才能化解孩子的愤怒和紧张情绪，恢复孩子的自信心，帮助他们勇敢地面对新的挑战。教育专家指出：消除孩子的"不听话"行为，就是不断消除和孩子之间的误解的过程。倾听孩子的弦外之音，可以增进沟通，促进理解。

那么，父母如何做，才能倾听到孩子的心声呢？

一、专心倾听，尊重孩子

孩子向父母倾诉时，难免会有个人情绪，父母应专心倾听，先不要评判对错，而是完全接纳和尊重孩子的感受，等孩子发泄完后，再对孩子不适当的行为，提出自己的意见和想法，过激行为则必须阻止。比如，有些青春期男孩很容易冲动，受委屈后会想用拳头来解决问题，父母倾听完孩子的愤怒后，要先接纳孩子的情绪和感受，然后再给予合理的建议，制止他通过嘲弄或打人来表达情绪的行为。

二、积极反馈，温和共情

父母认真倾听孩子的表现之一是，能不时总结或复述孩子所讲的某些关键内容，理解孩子的感受，分析出感受产生的缘由。父母对于孩子的倾诉做出积极反馈，共情孩子的感受，这更有助于孩子情绪的排解和调整。

三、少开尊口，耐心倾听

对于中学生而言，他们需要的往往是耳朵，而不是嘴巴。在孩子倾诉或讲述的过程中，父母尽可能不要打断和阻止，要多听少言，毕竟有时候孩子只是想从父母这里得到安慰，而不是意见。

四、多加鼓励，避免责骂

当孩子做错事时，心里有很多懊恼想对父母倾诉，而父母若是对此大加指责，企图用责骂让孩子吃一堑长一智，只会让孩子懒得理你。孩子的对抗，表示他已经不想再跟父母讲什么了，所以干脆选择"免谈"。

　　孩子的倾诉是对父母的一种信任和依赖，孩子只有把内心的垃圾倒出来后，才能真正装下父母的良言和教诲。

　　父母只有多倾听孩子的诉说，深刻了解孩子的内心想法，才能给孩子提供更有力的帮助。

　　青春期最良好的亲子状态就是，你爱说，我爱听。沟通无碍，父母管教才有方，孩子的成长才更健康。

3 致唠叨妈妈的一封信

家有青春期的孩子，妈妈像是集体被施了魔法，全部变成了唠叨鬼，这是我收到的孩子来信中最具代表性的一封：

妈妈，请听我说。

从我记事起，你一直觉得我不好，总是在数落我。上高中以后，我几乎无法再容忍你无休无止的唠叨。

今天早上走得太匆忙，忘了戴电话手表，所以你联系不到我，从我回家那一刻起，你就开始唠叨个不停，从忘记戴电话手表说到之前，哪天忘了带书本，还有哪天忘了带水，哪天忘了带笔记，翻完旧账后，你又开始从我丢三落四的毛病说到我的同学 A 多好，学习好，又懂事，又孝顺，而我，永远是那个不好的孩子。

我也在努力安慰自己：你的唠叨是出于爱，为我好。可是，你真的是为我好吗？

睡觉晚几分钟，你就说，我会长不高，眼睛会近视，甚至会得什么什么病；周末好不容易看一会综艺，你就说，那些内容都很肤浅，会害了我，价值观会被带偏；成绩下降，你会说，我最近一定是分心了，走神了，上课不专心，然后又分析我是不是早恋了，是不是有事瞒着你；好不容易成绩上升一点，你又会怀疑，题目是不是我自己做的，是不是题目太简单了，是不是班里的人都考得很好……

总之，你对我的好，只让我觉得，你根本不信任我。

妈妈，我真的希望你能多保持一点沉默。出门在外，不要当着别人的面喋喋不休地说我不会收拾房间，成绩一团糟，等等。事后你解释说是自谦，可你有没有想过我的感受？

我最烦的是，有同学来我们家里，你就拉着人家说个没完没了，一边数落我这不好，那不好，一边又表扬人家积极上进，羡慕人家的父母养出这么好的女儿。你想没想过，在旁边的我多么尴尬？前几天你还问我，怎么不带同学来家里玩了，我想说，你这样，我还敢带同学来家里吗？可是我不想你又为此批评我，说我心眼小，看不到别人的长处，所以我说，人家学习忙。结果你又开始长篇大论，要我向人家学习，珍惜时间，提升自己……天哪，无论什么话题，你都可以发挥到极致。

你说我每天应付你，懒得跟你讲话，其实是，我怕跟你讲话，因为不管我说什么，你最后都会绕到我的身上，然后再噼里啪啦一顿数落。即便是好事，你的表扬后面，也都是让我耳朵已经起茧的各种叮嘱：这次也只是侥幸而已，千万不能骄傲……现在，不论好事坏事，除非万不得已，否则，我宁肯跟爸爸说，也不想再跟你说，就连开家长会，我也希望是爸爸去，而不是你，因为，你的那些唠叨比爸爸的吼骂还可怕。

妈妈，请停止唠叨吧，这些话不会让我进步，不会让我变得更好，恰恰相反，这些话充满了负能量，让我越来越不自信。

妈妈，请听我说。

不要以为你整天把我挂在嘴上，就是爱我，那对我而言，更像是一种酷刑。

妈妈，我希望你自私一点，多替你自己打算，哪怕你去跳广场舞，也好过每天对着我说个没完没了。我的事我会尽力做好，请你多给我一些自由，多给我一点空间……

家有唠叨妈，这在我们中国是司空见惯的事，奇怪的是，为什么妈妈比爸爸唠叨呢？

首先，妈妈因为生育抚养子女，与子女间建立了情感上的最强连接，这个连接对于一个妈妈来讲，会超越她与丈夫、与兄弟姐妹、与她的父母之间的连接。人生中最大的痛苦和最大的喜悦，最持续的煎熬和最持久的快乐都是从孩子那里获得的，所以母子的情感连接被母亲强化，尤其当对另一半不满意时，妈妈更容易把子女看作自己情感的一种寄托。其次，无论是职业女性还是家庭妇女，妈妈大多都是家庭中付出精力最多的人，出于女性的细腻和周到，她会尽心筹划安排家里的大小事务。情感投入得越多，就越有话语权，所以妈妈在内心无形中堆积了很多"话"，要找机会释放，妈妈总认为，只有说了，孩子才会明白，才不会犯错误走弯路。还有一些其他因素，比如妈妈自小也是被如此管教的，所以，她就会默认，唠叨就是管教；或者妈妈在将暴力和冷暴力的管教方式摒除后，发现还是苦口婆心更能让孩子接受一些。

虽然妈妈对孩子的唠叨都是出于关心和爱护，但对于青春期的孩子而言，这很容易让他们产生逆反心理，事实也证明，唠叨式的管教对孩子的伤害和暴力伤害一样不可逆转。

唠叨会让孩子产生惰性。妈妈事无巨细地唠叨，会让孩子知道，即便自己不按时起床，妈妈也会不停地来叫自己；即便自己不按时写作业，妈妈也会来提醒，久而久之，养成依赖性和惰性。

唠叨会让孩子自尊心受损。比如写信的这位女生，妈妈在别人面前唠叨她，让她有种颜面尽失的感觉。而且无数次的叮嘱和反复唠叨，都是出于对孩子的不信任，这让孩子自尊心受损。

唠叨会损害妈妈与孩子间的亲子关系。当妈妈过于唠叨时，会发现孩子越来越不把自己的话当回事，左耳进右耳出。主要原因是孩子已经失去耐心，再加上青春期反抗的心理作怪，就会变得越来越不尊重妈妈，常常顶嘴。

美国哈佛大学社会心理学家丹尼尔·魏格纳曾做过一个实验，他要求参与者尝试不要想象一只白色的熊，结果参与者的思维出现强烈反弹，很快就在脑海中浮现出一只白熊的形象。实验结果证实，当我们刻意转移注意力时，思维也开始出现无意识的"自主监视"行为——监视自己是否还在想不应该想的事情，使我们无法从根本上放弃对事情的关注。这种白熊效应，在青春期孩子身上表现得尤为明显，很多正处于青春期的孩子，家长越是不让他做什么，他就偏偏要去做。所以，孩子才会说，妈妈越唠叨，自己越糟糕。

对于孩子来说，能忍的"唠叨"是教育，不能忍的"唠叨"便是厌烦。写信的这位女生，正是出于厌烦，才向妈妈提出要求，希望妈妈停止唠叨。

那么，如何才能让妈妈们改善这种唠叨症呢？对于孩子的问题，总是不由自主要多说的妈妈们，不妨从以下四个方面来调控自己：

一、用规则代替唠叨

事实证明，越是复杂冗长的指令，孩子越不能听进去。比如，你想让孩子尽快完成作业，那么，只需对孩子说："请开始做作业，一个小时后我来签字。"坚决要避免啰唆和指责——作业怎么还没做呢？照这样，一个小时根本就做不完……建立起规则，并且让孩子认同这种规则，省去无用的唠叨，你会发现，孩子更容易听得进去。

二、守住原则

一旦建立起规则，就不要动不动就改变，比如将做作业的时间规定为7：30—8：30，那么，如果这时候孩子要借口上洗手间，要吃水果，都要拒绝，千万不能随意妥协，否则会让孩子觉得，规则可有可无，形同虚设，以后的规则他也可以不遵守。

三、反馈和调控

一个规则的执行，都会有反复和适应期。比如有些孩子有八点上洗手间的习惯，父母就要在执行做作业的规则前，提醒他上洗手间，从而保证规则的执行效果。在反馈和调控过程中，妈妈一定不要有过多负面的情绪，仍然是发出简单的指令即可。

四、把事情交给孩子自己

当妈妈喊不动孩子时，要反思，是否对孩子指令过多、控制过多，即唠叨。如果父母能给孩子自主权和空间，鼓励他独立做事、自己判断、自己决定，能不管就不管，比如早上起床，用闹钟取代父母的督促；做作业时，用定时器来代替父母的监管，那么效果一定比妈妈跟在屁股后面唠叨更好。在孩子需要父母插手的时候，父母只需提出真诚而简洁的意见，这将事半功倍。

青春期的孩子对于妈妈的唠叨，往往表现得非常偏激，并将这种负面情绪无限放大，从而影响父母和子女的关系。所以父母，尤其是爱唠叨的妈妈，要尽可能地将"说"制定为可行的规则，留住孩子的耳朵，让他们能听得进去父母的建议，很多时候，说得少，说得简单，事情反而更好解决。如果真的是话多的妈妈或者爸爸，那就尽量少用否定词，多说一些正面积极的话，孩子的心理才会更加积极向上。

4 父母皆雷达，无处不在

青春期更像是一场竞赛，父母和孩子都在抢夺属于自己的阵地。让人遗憾的是，父母抢到的权力越多，和孩子的距离却会越远。

有一次，我看到一位网友在论坛里说：

你知道我最怕什么吗？

我最怕听到有些父母说："我们把全部的心血都放在孩子身上。"

这句话总是让我心惊胆战，虽然我现在已经上了大学，但每次听到这句话，我就会想起不堪回首的往事，那段被父母控制得暗无天日的时期。有人说，我这样说有些夸张，父母是爱之深，所以责之切。也许吧，但站在我的角度，我永远无法原谅他们对我所做的一切。

因为担心我早恋，所以，我的日记本、电话内容他们都要了如指掌。有次一个女同学打电话来，人家只是问了我一下物理培训老师的情况，可我至少被要求重复了 5 遍电话内容给我妈听，因为她总觉得事情没那么简单，"为什么不问别人就问你呢？""你肯定还有什么不想告诉我的吧？"这是我妈常挂在嘴边的话。

我的日记里，一旦出现厌烦之类的字眼，我父母就开始担心我会自杀或者自虐，所以恨不得24小时轮流值班，盯着我的一举一动。睡到半夜翻个身，睁开眼睛，突然看到门是开的，床头坐着一个人，还有比这更令人毛骨悚然的事吗？虽然那个人不是我爸就是我妈，即便我已经习惯了他们的这种非正常行为。

我真的是受够了！

所以，我大学志愿偷偷填报了外省学校，结果被我妈知道了。我父母因为不放心我在外地，强烈要求我填报本省大学，我当然铁了心想走远一点，于是我妈天天以泪洗面，我爸天天唉声叹气，于是，我认怂了，乖乖改了志愿。

有人说是因为我自己不能坚定立场。可能吧，我也看过那些成年后和父母断绝关系的人，从内心里，我很羡慕这样的人，因为他们中一定有我这样的人，被父母一直控制着，像个玩偶一样，不堪忍受，所以才迈出这样一步。

我渴望自由呼吸，但我也深爱我的父母，我每次反抗他们的意愿时，就会出现负罪感，因为他们的确将全部的心血都放在了我身上，尤其是我妈，自己省吃俭用，给我买她能买得起的任何东西。如果真的有一天，我离开他们，我妈肯定会自杀吧。

……

我们都知道，父母越在乎孩子，付出的心血自然就越多，但令人不解的是，为什么父母自以为的对孩子的爱，变成了束缚孩子的囚笼？

知乎有一则调查：父母的话该听吗？令我印象最深刻的一个答案是：

听父母的话，停止成长。

听父母的话有错吗？每个人从小都被教育要听命于父母，因为父母的出发点都是为了孩子好，而且，因为听父母的话，孩子都避免了很多错误，所以，听父母话的孩子，都是大家喜欢的好孩子。从这个角度而言，听父母的话并不为错，尤其是在儿童时期。但青春期的孩子，父母还要求他们听命于自己，受自己控制，这往往意味着，孩子将会错过很多试错和成长的机会。

我们不能否认，父母出于对孩子的爱和关心，才想时刻控制他们的学习和生活，帮他们做选择，但这种爱，导致的结果不尽人意。青春期孩子有独立思考的能力，渴望自由的空间，当父母过度干预时，他们或者通过一些反抗方式来达成自己的意愿，或者委屈自己，听父母的话，任由父母做主。而后者显然会阻碍子女的成长，遏制子女的天性，错失令子女变得更成熟的机会。

孩子的成长来自能够学会做自己，能够为自己的行为负责，他需要尝试并犯很多错，而恰恰是他所犯的错误和他为自己负责的态度，才让他得到了锻炼和成长。如果父母控制得过多，一方面减少了孩子犯错的机会，孩子只是被动地接受着父母的安排，无法从生活和学习的错误中吸取到足够的经验，久而久之，他的意志就会变得越来越薄弱，容易被他人左右；另一方面，孩子会变得无法为自己负责，因为在他的潜意识里，有"父母"在控制他，在替他负责，他不用为此操太多心，他不敢去做自己想做的事，会给自己设置很多无形的障碍，容易退缩和放弃。有些父母用固定的、清晰明确的行为标准来要求孩子，这些标准通常建立在父母个人的信仰和行为习惯之上，他们借助一切必要的权力使孩子照办，相应地，孩子就会出现焦虑、退缩等问题，缺少自主思考的能力，只会听从别人的意见，不懂得如何表达自己的情绪、想法。这样的孩子以后就会成为顺从、懦弱、缺乏自信、孤独、压抑、自卑、遇事唯唯诺诺、缺乏独立能力的人。在人际关系上，他们始终处于被领导的地位，因为他们没有竞争意识，不会自主思考和独立做事。这类孩子也容易出现没有安全感、过分顺从以及攻击性强等问题。

所以，对于青春期的孩子，父母可以减少干预，试着将雷达变成电话——需要的时候就出现，不需要的时候就安坐一旁。将该交付给孩子的权利都还给孩子，这才是爱的真谛。雷达型父母如果努力做到以下三个方面，一定能让孩子更喜欢你：

一、还给孩子三种权利

每每说到给青春期孩子多一些自由时，就会遇到很多父母持反对意见，他们说，难道让孩子放任自流吗？事实上并非如此，给孩子自由，将"三权"——选择权、尝试权、犯错误权还给孩子，会更有利于他们的成长。青春期的孩子，已经有了一定的辨别能力和分析能力，父母不应过于担忧，只有让他们自己尝试并犯错了，他们才能真正地从中吸取经验，获得成长。我记得有个网友曾说，他对女儿控制严的原因是，女儿长得太漂亮了，男生都喜欢和她来往，他非常担心女儿会交到坏朋友。我完全理解，青春期的孩子本来容易冲动，但完全控制不是解决问题的根本办法。作为父亲，如果担心女儿交到坏朋友，那就不妨和她进行平等对话，告诉她自己曾经交过一些什么样的朋友，上过什么样的当，给她适当的建议和分析，而不是帮她拿主意和谁做朋友更安全；如果她不小心交到了坏朋友，父亲可以在保护她不受伤害的同时，借机引导她从这个错误中吸取教训——什么样的朋友不能交往。越优秀的人，越容易受到关注，但同时，也会遭遇更多的陷阱，只有孩子自己从选择和尝试里犯了错，才能更深刻地记住教训，为自己负责，成长起来。父母不能保护孩子一世，在青春期将"三权"还给孩子，不指责，不管制，允许孩子犯错，并在事后正确引导孩子，才是最根本的教育。

二、尊重孩子，信任孩子

美籍德国哲学家弗洛姆说："如果没有尊重，爱就很容易堕落为统治和占有。"青春期被管制得太严的孩子，失去了探索和认识世界的机会，同时也失去了自我认识和调整的信心。信任孩子，给孩子自由，并不意味着放纵孩子，而是让他们通过尝试更清楚行为的界限在什么地方。

三、言传身教胜过任何管控

我记得有一个孩子说过："我不仅从父母身上学习父母告诉我的知识，同时我也学习他们身上表现出来的品质、性情、习惯，包括坏习惯。"所以，不妨把盯孩子的眼睛放在自己身上，改掉一些坏习惯，完善自我。在一次家庭聚会上，我的表哥和表嫂当着大家的面，对邻居表示不满，说到激动处，他们将邻居从长相到行为都大肆批判了一番，丝毫不顾忌他们的孩子在旁边。后来我特别提醒他们，不要在背后说人闲话，实在要说，也要避讳孩子，否则孩子会觉得背后说别人坏话也是可以的，自然也会慢慢变成这样。"父母的修养和习惯，是最好或最坏的教育。"所以，只有端正了自己的行为，孩子才会从父母身上吸收到积极正面的能量。

　　这世上有许多父母不允许孩子有秘密，他们以为这是为人双亲的义务与爱，其实这是个误解。真正的爱，是有分寸地表达关爱，有质量地去教育孩子。所以，无论孩子的青春期多么让人担忧，还是尽可能地解放自己的心态，给孩子一些空间，让他迈出独立的一步，这才能让他真正地成长。

　　父母和孩子，是生命中最亲密的一种关系。大家都说，给孩子好的教育就等于给孩子最可靠的财富。到底好的教育是什么？父母与父母之间差别巨大，这种差别无关理念、身份、地位或义化程度，而在于教育手段。无论身处何方，无论贫穷或富有，我们都可以把最好的教育送给孩子——培养孩子的学习兴趣，给孩子自由成长的空间，亲身做出良好的表率，这是所有父母都有能力送给孩子的财富，也是孩子生命中得到的最美馈赠。

5 "我就喜欢乱穿衣"

最近收到的邮件里，有两封邮件不约而同地说到了青春期乱穿衣的问题，非常巧合的是，这两封邮件分别来自一个妈妈和一个女儿，很典型。

老师您好：

　　我的孩子今年 15 岁了，值得庆幸的是，青春期孩子的很多毛病她都没有，她一直很乖，很少顶嘴，遇到什么烦心事也会跟我讲。她学习的天赋不高，所以我对她要求也不高，可能因为这个，她一直没什么特别的压力。但最近很让我接受不了的是，她自己买了一条牛仔裤，都是破洞，头发也不好好扎，总是斜着，买的衣服宽得能装两个她，每次我让她换套衣服，她虽然不情愿，但也会换掉，可过不了两天，她又会穿那样的衣服，说多了她就装没听见，或者躲起来。她现在长大了，有了一定的独立性，我也不能一直盯着她的穿着。我一直教育她，女孩子穿着端庄大方就可以了，现在看来，我的话她根本没听进去。每次看着她穿上那些奇装异服小心翼翼的样子，我比她还难受……

老师您好：

　　我鼓起很大的勇气才写这封信，因为我感觉到，身边的人都不理解我，在父母眼里，我就是个问题少女。

　　在学习上，我是个学渣，不管我怎么努力，成绩就是上不去，我不爱学习，父母越逼我，我越学不进去。生活上，我也很懒散，老被家里人指责，他们说都没见过十五六岁的女孩房间还这么邋遢的，但我的房间，我自己舒服就行了，不知道为什么要给他们看。

　　我讨厌家里人对我指手画脚，尤其反感我妈每天要我穿什么衣服，您都不知道，我妈要我穿的衣服，件件都土得掉渣了，可我要是不顺从她，又会被她说，她唠叨起来简直太可怕了！

　　所以我想向您请教，有没有什么办法，可以让我妈不这么控制我的穿衣自由，我也想穿得像其他同学一样时尚个性。

　　……

　　一方面，妈妈希望孩子不要穿那么另类的衣服；另一方面，孩子希望妈妈不要干涉自己怎么穿。从这两封信里，我们发现，现在的父母对于孩子的奇特穿着，大多数人都持反对态度，觉得标新立异。

　　事实上，关于青春期孩子乱穿衣的问题，父母大可回忆一下自己青春时期的穿衣打扮，就不难想通了。每个青春期的孩子，都有一段乱穿衣的时光，这更像是人生必走的一条弯路，在这条弯路上，青春期的孩子都想找寻自我，力图用穿衣打扮或者一些其他外在的形式来向父母宣战：他们不想被控制，他们想自由。至于是不是奇装异服，只是因人而异。

在父母眼中，那些牛仔破洞裤、宽大的潮衣，都显得过于另类；而在孩子的眼中，他们之所以选择这种穿衣风格，无非出于两种想法。一是求同心理。因为身边的同龄人或者喜欢的明星偶像等，都喜欢这样穿，这种装扮让他们产生一种新鲜刺激感，他们认为这样的打扮就是时尚、新潮，反之，则是老土。所以，青春期孩子会因为想和同学交朋友，融入圈子而模仿他人的穿衣风格；也有一部分孩子，为了支持自己的明星偶像，尝试一些比较有个性的衣着。这种求同心理，只是青春期孩子必然的心理成长过程。二是凸显自我的青春本性。青春期的孩子无论在生活上还是在学习上，都有了强烈的自我意识，他们希望能得到更多人的关注和称赞，所以在着装上，会费尽心机凸显自己的个性、与众不同，由此，着装就会和父母的审美格格不入，成为父母眼中的奇装异服。

面对穿着标新立异的孩子，父母难免会有些看不惯，忍不住指手画脚，希望孩子能穿着得体，而事实上，在得体这个标准上，父母和孩子永远不可能保持一致。所以，在明白了孩子乱穿衣的真实动机和理由后，父母也可以适当地保持冷静，采用三阶段的方式来处理：

第一阶段：转移重点，锻炼孩子的审美眼光

当面的指责只会伤害孩子的自尊，即便达到了让孩子换上得体服装的目的，但在孩子的心灵上，会永远留下一道伤痕，孩子甚至会为此变得极度不自信。所以，理性的父母，会试着用智慧的方式来应对这个矛盾。一个办法是，培养孩子的艺术气质，比如参加画画、舞蹈等艺术类的培训，或者多在户外运动方面进行一些熏陶和锻炼，让孩子的视野更开阔，对美的领悟更深切。另一个方法是，带孩子多观察，多总结。比如，当看到孩

子喜欢的偶像穿着得体时，可以大声赞美："还是这套衣服更显他的气质。"或者在和孩子同行时，有意地欣赏那些服装搭配较佳的人群："这个人好会穿衣服，颜色搭配得真和谐。""那个人身材虽然有些发福，可是他的衣服样式简洁，反而显得他气质超群了！"经过较长时间的培养和锻炼，孩子的审美眼光一定会有所进步，他的穿衣打扮自然也会有所改善。

第二阶段：保持沉默，尊重孩子的奇特装扮

有些孩子在青春期会特别张牙舞爪，不见得能够配合父母，去融入其他的环境中，他们一意孤行，觉得自己是最有个性的。针对这样的孩子，父母如果过度要求，则会陷入比较别扭的亲子关系里，不如索性保持沉默，尊重孩子一些奇特的打扮和行为，你会发现，越沉默，他们会越快找到自己的风格；越制约，他们反而会变得患得患失，总担心自己在着装上是不是过于放飞了自我。所以，如果父母无法耐心地锻炼孩子的审美能力，就做个沉默者吧！

第三阶段：适当褒贬，赞美孩子的得体之处

但凡孩子的着装有一点点进步和改善，父母们，千万不要吝啬你们的赞美，请发自内心地表扬孩子："嘿，今天这身衣服搭配得真不错，显得很有朝气呢！""哎哟，没觉得，你都这么会穿衣服了，真是长大了，对穿衣越来越有自己的见解了。"……即便孩子在着装上仍有很多问题，但这种表扬和赞美，会让孩子发自内心地变得自信，并且会有意地反省自己的打扮，慢慢变得更得体。

著名相声演员郭德纲曾说："孩子在街上走，穿着打扮看出娘的手艺，说话办事显出爹的教养。"所以，作为妈妈，在自己的着装上，一定也要和谐得体，这样会对孩子有一种无形的熏陶。我大学时候有个同学很会打扮，无论多么平淡的衣服，穿在她身上总是很吸引人，我们那时候都觉得是因为她长得漂亮，有吸引人的特质，但等她生完孩子，身体发福，皮肤也开始变差的时候，她在人群中，依然出类拔萃，让人一眼就能看到。后来有些同学就发现，她穿衣服很有自己的风格，整洁淡雅、清新得体，而且她性情温和大方，所以，才显得很有吸引力。不难想象，她的孩子到了乱穿衣时期，一定会很快从妈妈身上找到自己的穿衣风格，而不能一味地被动模仿他人。

追求美是人的天性，爱美之心，人皆有之，相比青春期那混乱的穿着，孩子脸上朝气蓬勃的气息才是最美的，所以，父母做到提醒、建议、引导便已足够，而不是过度干涉，非要孩子穿什么衣服，背什么包，戴什么帽子。

6 朋友为什么比父母更重要

我接触过很多青春期孩子的父母，他们对孩子的关心是毋庸置疑的，但他们的困惑并不比自己的孩子少，在孩子步入青春期后，他们面对孩子的一系列问题，开始焦虑，甚至经常性失眠。我深深理解这样的父母。正所谓付出越多，失去越多，青春期孩子会让父母产生极大的挫败感，而且，最让父母受挫的是，孩子对同学朋友的关心和信任超过对自己的父母。

一个妈妈说："当我发现，在我儿子的心目中，我根本不值一提时，心里哇凉哇凉的……"

为什么青春期的孩子，对朋友和同学更重视呢？因为青春期的孩子，内心已经变得敏感，在人际交往方面，非常看重自己在同学和朋友眼中的形象，更在意他们对自己的评价。越是不自信的孩子，这方面的表现越突出，比如我遇到的一个叫木子的孩子。

木子的家庭不太幸福，父母之间经常发生争执，甚至有过一些暴力冲突，这让木子心理上变得十分敏感脆弱，性格也变得内向，她在父母面前从来都是少言寡语，很少交流，父母有时问她学校的事，她也是草草答复。唯一让她高兴的事是，她的身边有两个好朋友，只有她们才理解她，爱护她，所以，无论她的朋友遇到什么困难，她都会毫不犹豫地站出来，维护她们。而对于父母，她却恰恰相反，他们争吵时，她自己紧闭房门，戴上耳机。父母说，感觉木子对他们很冷淡，她平时脸上看不到什么笑脸，但接到朋友电话时，却有说有笑，这让他们心里极度不平衡：为什么孩子将快乐和好脸色都给了同学朋友，给父母的都是冷漠和不搭理呢？

木子的经历基本上代表了很多青春期的孩子，其中也包括家庭幸福的孩子。一到青春期，他们对同学朋友的重视程度就远远超过父母，父母会明显感觉到孩子的疏远。他们除了将精力放在学习上，还开始花心思打扮，重视交友。这时候父母的关爱反而让他们厌烦，和同龄朋友在一起他们明显更愉快，这对于辛苦抚养孩子的父母而言，无异于一记暴击。当受到冷遇或者被顶嘴时，大多数父母失落之余，会忍不住唠叨和指责，一边抱怨孩子不懂事，一边在心里留下一个心结，感到自己在孩子心中的地位骤然下降。

为什么青春期时朋友比父母更重要呢？

首先，青春期是一段自我探索的挣扎时期，也是必然经历的"身份危机"阶段，这时期父母感觉走不进孩子的心里是再正常不过的事。这个阶段的孩子，首先要通过交友来表达自我。他们注重同龄人眼中的自我形象，更希望得到同龄人的认同，融入自己认同的同龄人群体，这样才能发展他们的自我意识，展示自己个性自由的一面。相比得到老师和家长的肯定，他们更在意同学是否喜欢自己。因此，他们会花更多时间与朋友在一起，也更愿意和朋友分享自己的事情，对于父母，则是敬而远之。

其次，同龄人容易产生共鸣。大多数父母喜欢讲大道理，担心孩子走歪路，每天都要上点心理课、政治课，时间久了，孩子的耳朵都自动关闭了，但同龄人的话题是他们共同关心的，喜欢的动漫人物、游戏、影视、书籍等，都容易让他们产生共鸣，从而引发交流的欲望。所以，我们常常听到很多父母说起孩子就摇头叹息："你说了一堆，人家直接就丢过来一句，你不懂！"在青春期孩子心里，父母再也不是那么万能的了，随着他们知识面的拓宽和认知能力的增强，他们甚至有时候会自大地认为，父母根本不懂他们的作业、他们的学习、他们的朋友，当然，也不懂他们的世界。

再次，友情可以弥补缺憾。青春期孩子的感情敏感又脆弱，他们在成长中难免会遇到挫折和伤害，有来自家庭的、社会的以及其他方面的。就像我们之前说过的木子一样，父母吵架，在她心理上留下阴影，让她不敢敞开心扉，但青春期的来临，让她有了向外关注的兴趣，交友则成为她修复自己创伤的机会，因为有了好朋友，她的情感又获得了新的出口，她从好朋友那里得到爱护，找到了家庭的替代，她的心理因而能够变得更积极快乐。

青春期的孩子敏感，情感丰富，如果没有友情，那对他们而言将是一种灾难。所以，父母在面对孩子重视朋友超过自己的情况时，要理性提醒自己，这是有利于孩子青春期成长的，而不是孩子变成了"白眼狼"。面对青春期孩子忽略父母的行为，有智慧的父母常常选择这样做：

一、将自己变为"风筝人"

允许孩子进行一定程度的自我探索，热忱地对待友情，又能在危险的时候及时拽回他们，还能在孩子需要依靠和倾吐的时候，坚定地站在他们身后。当然，这离不开父母对孩子的情绪体察和自我控制能力。对孩子永远保持一颗红心两手准备的父母，非常适合采用这种得体的方式。当然，我也理解那些为此气恼，因而对孩子不闻不问、爱答不理的父母，毕竟付出的心血和孩子给予的回报反差太大。而事实上，这只是青春期孩子特有的一种行为，等到孩子过了青春期，他们的大脑会恢复理性思考，也会有更成熟的认知能力和情绪管控能力，他们对于父母的态度，也会自然而然地回到以前。

二、给予孩子友情的引导

青春期的友情是美好的，也是冲动的，有时候还是迷茫的，虽然孩子对于朋友的重视程度远远超过父母，但父母仍然要坚持给予他们同样的爱护和适当的引导。

我身边曾有个孩子，青春期时，和班里的几个调皮的孩子常待在一起，那些孩子抽烟，也怂恿他一起抽；那些孩子出去打架，也叫上他。他跟我说："我要不跟他们一起的话，会让他们看不起，也会受到他们的排挤，没法混。"父母为此经常和他吵架，批评他的那些朋友都是小混混，会把他带坏，结果孩子更加逆反，非但没有离开那些朋友，反而出于"正义"，批评父母眼光狭窄。这样的孩子有很多，有些孩子，为了"友情"，一味地让步，迎合别人；还有些孩子，为了"友情"，甚至做出犯法的事，伤害别人也伤害自己……这种友情显然是百害而无一利的，父母的引导在此时就至关重要。但若是当面批评他的朋友不好，孩子一定会保护朋友，对抗父母，所以，可以通过一些小故事或者事例，告诉孩子怎样选择正确的朋友，维护友情时要有的基本底线和原则是什么，最重要的是让孩子明白，自己优秀，自然会吸引很多的朋友，而不需要为了友情失去自我。

友情是青春期最美的花，即便多年以后，也依然是每个人成长中的一笔财富。被暂时忽略的父母，不但要宽容以待，理解孩子过于重视友情的行为，还要理性地指点他们，让他们享受积极快乐的友情，不要错过这一段美好的时光。

7 学习就是这么枯燥

青春期是学习的主要时期，父母和老师为了提升孩子的学习成绩，都在不懈努力，可往往，很多学生会时不时出现厌学的情绪，甚至逃学，更令人悲痛的是，有些孩子为了摆脱学习的压力，选择跳楼自杀。

这封妈妈的来信就很有代表性：

老师：

我孩子刚上高一，中考前经历了非常辛苦的学习，就像是在战场上厮杀了一番一样，所以，我也很心疼他，尽可能多迁就他。最近他老说学习压力大，我劝他多休息休息，作业有时做不完，我还帮他查资料，想让他的心态稳定下来。但不知道为什么，他越来越拖延，上课也不认真听讲，回家做作业老是一脸苦闷，也拒绝跟我说话。在他做作业时，我不时就听到他念叨"烦死了！""这都什么破作业！"等等，感觉孩子的心态非常焦躁不安，我很担心，他这样下去，不但学习成绩上不去，而且整个人会变得充满戾气，这该怎么办才好呢？

学习，真的就那么难受吗？

在父母眼中，学习分明是最容易做的事，是离成功最近的捷径，你们连贫穷、死亡都不怕，为什么害怕学习?! 真是令人困惑。

可是在孩子眼中，他们最大的感受是："好烦啊""真是枯燥""我不会做""我想玩手机"……于是他们对学习表现出厌恶、排斥、逃避等心理。

父母和孩子都没错，只是角度不一样。父母也是从学生过来的，想想当时学习的过程，除了那些学霸，大多数学生都觉得学习是无趣的。所以，当孩子说出学习好累、好枯燥的时候，父母应该予以理解和共情。

学习是一个循序渐进的过程，会不断遇到困难，孩子在克服这些困难的过程中，如果体验更多的是挫败感，他们会产生一定的退缩心理，而这种负向情绪一旦产生，就像倒塌的多米诺骨牌，拖延、烦躁、逃避等一系列的情绪和行为便应运而生，他们就会得出学习很枯燥的结论。对于大多数青春期的孩子而言，他们的心智还不够完善，还不能控制自己，所以，对于学习的体验也是非常负面的。相对而言，个别学霸不存在这种感觉，原因是，他们在克服困难时获得的是成就感、荣誉感，这增强了他们的自信心，形成良性循环。

引发学习挫败感的究竟是什么呢? 大家都会条件反射地说："不认真学习啊""态度不端正"……这些都对，但还是不够严谨和完整，我们可以将引发学习挫败感的因素细分并给出相应的解决办法，父母们可以借鉴并运用起来，尽快帮孩子调整好心态和方法，让孩子能在苦中寻乐，发现学习的乐趣。

一般来说，中学生感觉学习枯燥的原因有三种，由此给出相应的解决方式如下：

一、无法完成学习任务，引发负面情绪

中学生的学习压力很大，作业量一般也比较大，再加上很多孩子还有培训班作业，在这种压力下，孩子会产生"作业永远都做不完"的想法，然后变得消极懈怠，于是无法按时按质地完成学习任务，导致学习成绩下滑，挫败感油然而生。当然，也有一些同学，因为学习目标不清晰，所以产生惰性。

问题焦点：1. 学习任务超出能力范围；2. 学习计划模糊不清，没有明确的方向。

解决方式：

1. 帮孩子减少学习任务。如果校内作业量已经很大，就将校外培训作业适当调整到可接受范围内，这一点需要父母和培训机构的老师协调确定。作业的量一定要在孩子可接受的范围内，或略超一点，这样才能减小孩子的压力。如果每天都能完成相应的学习任务，孩子会感到很充实且很有获得进步的成就感，就会产生学习的动力，也会越来越有自信心。

2. 制订清晰明确的计划表。作息表、计划表如果模糊不清，孩子就很容易"钻空子"，产生懈怠心理。比如规定9:00—9:30，背英语单词，孩子虽然知道了在这个时间段要背单词，但背多少，背哪些，他没有明确的认识，所以很容易就敷衍过去。如果将计划修改为，9:00—9:30，背诵并默写当天课文中的15个单词，效果是不是更好？

对自身学习情况的掌控感会大大地激发孩子的学习动力，让孩子能够及时地从学习中获得成就感，从而改善自己的学习情绪，学习能力也会随

之稳步提高。

二、缺乏战胜困难的勇气，逃避学习

学习从来就不是一帆风顺的事，随着学级的上升，学习的难度也在慢慢加强，面对那些难度高的题目，学霸们会刻苦钻研，冷静分析，从而找出解决问题的方法；但成绩不好的孩子，马上就会产生负面情绪，止步不前。

问题焦点：1. 学习难度过高；2. 解决问题的勇气不足。

解决方式：

1. 找老师或能够帮助孩子的亲朋，给孩子进行一些思维讲解，帮助孩子应对难题，建立起信心。孩子学习遇到难题，就像父母在工作中遇到门槛一样，再正常不过，但如果父母放任不管，孩子自己也会遇难而止，绕道而行，时间久了，学习中的问题就会慢慢凸显，孩子这时候再补，花费的精力更大，他自然更不想努力了！

2. 观察并鼓励孩子迎难而上。当孩子遇到有困惑的题目时，很容易表现得焦躁不安，但中学的一些题目父母也未必懂，又无人可以请教，这时候，父母唯一能做的事就是，安抚孩子的情绪，让孩子能够冷静下来，再鼓励孩子多加思考和钻研，孩子做出题目后要表扬，让他有成就感；若是没有做出来，也不要着急，让他标记下来求助于老师，但第二天一定要明确落实，以免留下漏洞。

一般来说，那些动不动就嫌学习枯燥的孩子，正是遇到困难就喜欢抱怨，不思考不钻研的孩子，所以，父母要正面引导，建立起孩子的自信心。

三、对排名升学过于焦虑，无法集中精力学习

有些同学，因为之前的学习基础不太好，所以学习成绩不理想，加上老师排名、同学排挤，从而在心理上产生很大的压力，担心自己以后考不上大学，因此过于焦虑，学习起来也心神不宁，无法集中注意力，形成一种恶性循环。

问题焦点：1. 学习基础较弱，排名低；2. 过于在意升学，非常焦虑。

解决方式：

1. 孩子基础弱，除了赶快追赶，没有其他办法。父母要明确告诉孩子，学习必然会耗费极大的精力，这时候努力还来得及；还要帮助孩子从各种途径去补习学业，慢慢进步，不要过于强求名次，只要他们努力了就好。

2. 学习不是唯一的出路。对于那些过于焦虑的孩子，父母要劝其放下包袱。有些孩子的学习能力就是没有办法提高，强行要求提升只会让孩子的心态更糟糕，这时候就有必要找一门孩子擅长的学科，或者其他兴趣活动，鼓励他们在这上面多用些精力，获得成就感，找回自信。

总体而言，学习是个漫长而枯燥的过程，但同时也是孩子不断进步的过程。要让孩子不排斥学习，父母要拿准一个原则：让孩子有成就感，获得自信心和愉悦体验，给孩子勇气和力量，让他们从学习中获得正面的情绪，从而稳步提升自己。

8 "别偷看我的日记"

爱偷看日记的父母，请正确使用您的权限。

老师：

我想向您求教，怎么才能不让妈妈偷看我的日记呢？

初二的一天，学校临时提前放学，我进门时，看到妈妈匆匆忙忙从我房间出来，我当时也没有多想，后来聊天她问我同学的事，那是我只在日记中记过的事，我才知道，她偷看了我的日记。但在妈妈看来，她只是凑巧翻了下，不算偷看，她还振振有词地说："妈妈是担心你遇到什么问题，又不肯告诉我，所以我想多了解一下，心里有底一些嘛！再说了，你的日记老丢在桌子上，自己也不收拾收拾，就像一本书丢在那里，妈妈肯定都会翻一下的！"

有了第一次，就有了第二次，第三次……第 N 次。

我感觉一点隐私都没有，为此和妈妈说过好多次，让她不要再偷看我的日记了，可她不以为然地说我小题大做："你是我生的，只有十来岁，有什么隐私都应该告诉妈妈，再说了，日记里又没什么见不得人的事，为啥怕我看呢？"真没想到，我妈妈是如此不讲道理的一个人！

后来在我爸爸的劝说下，妈妈才不情不愿地答应我再不看我日记了，但事实上，我发现，她还是没有做到，因为我在日记本里夹了头发丝，妈妈动过后，头发丝就少了。

唉，我虽然只有十五岁，可有些话我真的不想跟父母说，只想自己写下来，为什么妈妈就一点都不尊重我呢？

现在我将自己的本子锁了起来，钥匙放在文具盒里，随身带着，即便如此，有时周末我换培训班的书包，妈妈仍然会抽空翻我日记。她真是嘴上一套，行动一套，不知道是不是所有的大人都这样，说话不算数。

我也能体谅她是出于关心我，所以我也没有跟她大吵大闹过，有什么事自己闷在心里就好。现在已经很少写日记了，因为不想让妈妈看到，但青春期真的有很多烦恼，有时特别想写，可每次提起笔，想到妈妈会看到，就没有写的欲望了。

我应该如何保护我的日记不被妈妈偷看呢？

……

烦躁的小瞅

其实，青春期的很多孩子，都有和小瞅一样的烦恼。

父母总有各种理由，偷看孩子的日记，而且还可以说出一大堆道理。对于父母而言，偷看一下孩子的日记，是件不足挂齿的小事；对于孩子而言，这却是一种重大事故，他们时刻想着如何避免这种事故发生。

为什么父母总是忍不住想看孩子的日记呢？

一、出于关心

随着孩子青春期的来临，大多数父母对孩子的关心变成了担心和不信任，有的偷听电话，有的偷看日记，想尽办法掌握孩子的动向。父母总认为，青春期孩子的三观还没形成，思想还不成熟，在青春期不可避免会遭遇交友不慎、早恋等问题，这些事孩子肯定不会跟他们说，所以他们只好通过日记来了解，然后对孩子进行疏通和引导，以免孩子走下坡路甚至走歪路。这也是为什么在被孩子发现后，父母不但不承认错误，反而还为自己辩解：都是为了你好啊！

二、出于真爱

孩子是父母生命的延续，可以说，现在的很多父母将全部的心血都用在了培养孩子上，所以在他们看来，偷看日记，只不过是了解自己生命的一部分而已，目的自然也是为了适时修剪，以让这个生命更加茁壮成长。这种爱无可厚非，但因为爱去偷看孩子的日记，将孩子的隐私暴露出来，是极为不理智的。

三、怀揣侥幸

就像小偷总认为只是顺手牵羊不会被发现一样，父母偷看孩子日记时也是这种心理。父母对于孩子的掌控更加便捷，这对他们偷看日记是一大优势，他们几乎有百分之九十以上的把握不会被孩子发现，但孩子对于自己在乎的物品有非凡的观察力，总有一天，这种侥幸的行为会被孩子发现。

父母偷看日记，会给孩子带来巨大的心理伤害。很多父母可能对此不屑一顾，总认为"多大点事，至于吗"，看看这种行为究竟带给孩子什么样的结果，就知道问题有多严重了！

一、引发孩子的屈辱感

青春期的孩子已经有了隐私意识，自尊心也越来越强，父母偷看日记的行为，无疑是在侵犯他们的隐私，让孩子的自尊心受到伤害，而面对自己最信任和依赖的父母，孩子的抵触情绪自然会更强烈，世界上最爱自己的人，如今却最不尊重自己，而自己又无法摆脱他们，在这种种因素和情绪的夹杂下，孩子的屈辱感油然而生。

二、引发孩子的负罪感

日记里自然会有孩子不肯告诉别人的秘密，父母偷看日记，孩子就知道，父母发现了自己的秘密，有可能还会到处乱说，天哪，太丢脸了！这种感觉会让孩子产生极大的负罪感，产生心理压力，又不敢告诉别人，日积月累，心理阴影越来越大，结果可想而知！

三、引发信任危机

如果有人偷看你的日记，你还会相信他吗？答案自然是否定的。孩子也是如此，而且父母和孩子不对等的关系又让他感觉更加委屈，加速了这种信任危机，最严重的后果是，他以后的一切都将对你保密，即便事关生命，光想想，父母就要惊出一身冷汗了！教育什么的，也都成了浮云。

日记作为一种载体，承载的是青春期孩子对于生活的思考，对于学习、交友等的体验，是孩子心目中独一无二的思想世界，而父母出于对孩子的爱和关心，想多了解孩子，这也没有什么错。那么，面对青春期的孩子，父母应该怎么样了解孩子，处理孩子的隐私问题呢？

首先，要明白你的孩子已经拥有了隐私权。作为父母，你要尊重和保护孩子的隐私权，若是担心孩子有什么事情隐瞒，聪明的做法是：平时多观察孩子的行为举止，旁敲侧击了解孩子的心理，若是有什么异常，及时给予正确到位的引导。请记住，不要泛泛而谈，比如孩子有早恋倾向（这也是青春期正常的心理成长），可以告诉孩子："我的宝贝真是长大了！我在青春期喜欢一个人的时候，都不敢告诉别人……"直接告诉孩子恋爱是怎么一回事，切记，越回避越神秘。然后针对孩子的问题，给予一些理性的分析和引导。

其次，父母充分的尊重是孩子敞开心扉的钥匙。要想让青春期的孩子还像小时候一样，和父母分享自己的所见所想，首先要给予孩子充分的尊重，和他们成为知心朋友，在这种平等的关系下他们才会信任父母，放心地和父母分享秘密心事。

最后，一定要和孩子有界限感。很多人认为，到了孩子成年，父母才会和孩子划分界限，实际上，在孩子青春期到来时，父母就应该学着放手了。面对孩子，父母需要保持自省的能力，警醒自己，不要侵犯了孩子的心理边界，因为对孩子心理边界的侵犯，挫伤的是孩子成长中的自我意识，越是在亲密的关系中，越需要清晰的心理边界。那些偷看孩子日记的父母，就是因为没有界限感，忽视了孩子的心理边界。

美籍德裔哲学家弗洛姆说："教育的对立面就是操纵，它出于对孩子之潜能的生长缺乏信心，认为只有成年人去指导孩子该做哪些事，不该做哪些事，孩子才会获得正常的发展。"

著名演员黄磊在谈论教育女儿的方式时，曾说："孩子的日记不上锁，就搁在桌上，我也不会去看，孩子的手机我也永远不看。我从未把她当作孩子，她是一个有思想的人，她有她的秘密、她的想法、她的人生。她不属于我，我们之间是彼此独立的个体，我不把自己的意志强加于她，我们像朋友一样相处。"作家刘墉在儿子青春期时，特意给他的房间装了个门闩。很多父母觉得不可思议："我巴不得知道孩子的一举一动，你居然还主动去给儿子装上门闩？"刘墉说："青春期的孩子有自己的隐秘世界，总是提心吊胆，怕随时会有人进来，潜意识的伤害很可能影响一生。"

为人父母，要时刻提醒自己，尊重、接纳、自由，才是父母能够送给孩子最好的礼物，所以，当孩子向父母发出抗议时，请马上停止偷看孩子日记这种行为。

9 老师误会了我

在孩子成长的道路上，除了父母一路扶持，还有虽然和他并无血缘关系却和父母同样关心他成长的人，那就是老师。

父母将孩子交给学校，对学校寄予厚望，对老师更是怀有敬重之心，希望能和老师共同将孩子培养成才。北京四中前任校长刘长铭曾说："家长和老师配合得越好，孩子的教育就会越成功。"

但众所周知，无论家长和学校之间配合得多么默契，在面对孩子的时候总会有一些分歧，轻则影响学生和老师的感情，重则影响到孩子的学业乃至未来。

前几天碰到久不见面的朋友古先生，他是一个非常尊师重道的人，对孩子的要求也比较严厉。他家孩子之前虽然调皮，但都在可接受的范围之内，自从孩子上了初三后，老师已经多次找他谈话，说他的孩子和老师频频发生争执，让他感觉特别闹心。

我问他："具体因为什么起争执呢？"

"前几次，老师说他上课讲小话，影响别人上课，老师批评他，他还不服气，屡屡顶撞。"

"你问过孩子吗？"

"当然问过啊，他还狡辩，说是同桌拿尺子戳他，他忍不住才说同桌的，结果老师不问青红皂白，就批评他影响同桌，而且还不听他的解释，他还很委屈呢！"

"你为什么不相信孩子的话呢？"我问。

"其实倒也没有，我相信我儿子说的话，但他跟老师争论这些问题，有什么意义呢？而且老师在气头上，肯定对他没有好脸色，两害相权取其轻，我宁肯他沉默地接受批评，不要在老师心里留下疙瘩，老师自然也不会再为难他。话说回来，老师不都是为了孩子好吗？我们做家长的，哪怕是做样子，也得让老师感觉到，我们是积极配合的啊！我这一边给老师道歉，一边还要向孩子解释明白。"

"那事情还没结束？"我有些奇怪。

"哎，说来话长，本来老师也没再追究了，可这熊孩子不省事，前两天又被老师逮住，上课传纸条，他又死活不承认，说是别人扔给他的，老师只批评他，没有批评其他人。然后老师也找上门来了，说他屡教不改，我也不知道该怎么跟老师沟通合适了，怕委屈孩子，又怕处理不好，老师对孩子有情绪……"

古先生向我寻求解决的方法。

在我看来，古先生的孩子并没有做出格的事，他纯粹是为自己辩解而已，这是青春期孩子的本能。但如果对老师出言不逊，态度恶劣，那是品格素养问题，则另当别论。

父母都怕孩子跟老师发生争执，但事实上，要让青春期的孩子不犯错，就像要求树朝下生长一样，根本不符合事物生长的规律，而同样地，让孩子受了委屈不辩解，更是剥夺了孩子的申诉权。所以，父母们有必要清楚地了解青春期孩子冲撞老师的真实原因，这样才能适时引导孩子客观看待老师的批评。

首先我们要清楚地认识到，老师和学生是一对不平等的关系。由于知识、身份和思想的差异，老师的思维方式、做事方法、精神面貌、知识技能等对学生影响巨大，甚至可以改变一个孩子的终生，而学生对老师的影响却微乎其微。随着青春期孩子自我意识的苏醒和增强，他们会对这种不对等的关系产生一系列的质疑和反驳，他们不再认可老师的权威，"顶嘴"或争执的行为也越发常见，他们以此来彰显自己的权利。表现在学校里，青春期孩子对于老师出现的失误非常敏感，而且在质疑老师时会表现出倔强的一面，这就是为什么老师批评不当时，他们不但会申诉，而且偶尔会夸大老师的问题，固执地寻求平衡。

一般来说，学生顶撞老师有三个因素。第一，老师的所作所为伤害了学生的自尊心，让他在同学面前丢了面子，所以条件反射地进行反驳，通过这种方式挽回自己的形象。这是常见的一种反驳行为，如果语言得当，严格意义上来说，不算"顶撞"，毕竟，老师和学生都是人，学生也有自己的判断能力，除非态度非常恶劣，否则这种反驳无可非议。所以，如果孩子是这种情况，父母在了解实际情况后，应给予孩子充分的信任和支持，并指出孩子言语上不当的一面，引导他们态度温和地向老师辩解。第二，学生缺乏承担错误的勇气和责任心。青春期孩子的心智是时而清醒时而混乱的，如果老师指出他们的一些错误，并且需要他们承担相应的后果，他们容易产生逃避的心理，从而要为自己进行辩解，在辩解中又难免会情绪化。在老师看来，做错事不但不认错，反而还强词夺理，在这种情况下，老师必然会和家长进行一些反馈沟通，甚至会告状，让家长进行管教。第三，对老师有诸多不满，因为某个事件爆发，学生表现出过激的顶撞行为。这种情况分为两种：一种是过错在学生，学生看不惯老师的教学方式，或者老师批评过他的错误，他积怨已久，在某个节点上突然爆发出来；另一种是过错在老师，要知道，老师并非十全十美，有些老师也存在师德欠缺的问题，所以，如果一个老师自身的问题比较明显，引发学生长久的不满，这种积累的情绪迟早会爆发。对于第一种情况，父母要引起足够的重视，认识到孩子的各方面不完善、不成熟，还未形成相对稳定的个性，思维不够严谨，加之这是孩子形成稳定的人生观、价值观、世界观的关键时期，如果父母放纵或是引导不当，势必会造成他们成长的障碍，影响到未来的社交能力。而若是第二种情况，父母应理性分析真实原因，若是老师行为严重不当，而且不肯承认自己的问题，父母就有必要和学校进行沟通，或者调整孩子的班级。

我碰到过很多非常敬业的老师，他们跟我说："相比教学，我们更怕的是学生闹事，尤其是青春期的孩子，他们的心理起伏大，一点小事就可以让他们痛不欲生，再遇上家长蛮不讲理，我们真的就没法工作了！"

古人云："家有三担粮，不当孩子王。"老师这个职业本来就是费心费力，职责重大的，所以父母要积极配合老师，遇到孩子顶撞老师或者老师投诉孩子的情况时，一定要和老师积极沟通，共同解决问题。但绝大多数父母跟老师打交道不仅被动，而且还不能将被动转化为积极的能量传递给孩子，所以，熟知一些和老师沟通的原则和技巧很重要。

当孩子和老师出现冲突时，父母与老师沟通有三条特别要注意的原则：

一、对老师报以充分的信任

你无论是主动找老师还是被老师找，在沟通中，必须充分信任老师，即便在你看来，老师的有些"告状"夸张扭曲了事实，也要在信任的基础上提出问题。孩子在学校遇到最严重的问题不是成绩不好，不是被批评，而是被老师放弃。所以，每一个愿意和家长沟通，解决问题的老师，出发点都是为了教育好孩子，作为父母，你应珍惜这样的沟通机会。

二、保证沟通的持续性和连贯性

当孩子和老师有冲突时，父母应正视孩子的青春期心理问题，多积极地和老师沟通，对孩子进行疏导。有很多父母，觉得找老师是一件很伤脑筋的事，担心老师工作忙不予理会，担心自己话说不到点子上，反而影响孩子在老师心目中的形象，等等，所以，大多数父母都是等孩子有了问题，老师找上门来才沟通。其实，沟通是没有终点的过程，要达到让孩子进步的目的，就要持续地、连贯地跟老师沟通。即便是通过交流已经解决了冲突，家长也可以借此向老师表达谢意，一方面让老师感觉到，家长对孩子的教育很重视；另一方面，也可以委婉地将孩子没有说明白的话或者遭受的委屈反馈给老师。

三、尊重老师的差异性

我记得前几天朋友圈里有个人说，自从换了老师，孩子就全身都是毛病了，言下表示出强烈的不满。其实作为父母，要接受这种差异性，每一个老师肯定是不一样的，在 A 老师看来，孩子身上不存在什么问题，但换了 B 老师，就有问题了。家长要接受老师对孩子评价的差异，也要尊重老师本身存在的差异，不要因为孩子得到不好的评价，或者老师来告状，就给老师贴"坏"的标签，而应有则改之，无则加勉，这样才能让孩子取得进步。

除了这重要的三原则外，父母还应注意，要选择适宜的沟通时间，说话时要考虑老师的接受程度、问题表达的准确度，等等。没有哪个老师不欢迎积极沟通的家长，尤其在师生有冲突时，家长更应该积极弥补冲突带来的不良后果，配合老师的教学，让老师和孩子都能快速地调整心理，放下包袱，维护好师生的关系。

当孩子受委屈时，要教会他合情合理地和老师沟通；当老师来告状时，更要将心比心，真诚化解矛盾，并在之后的时间里保持沟通的连贯性和持续性，共同为孩子的成长保驾护航。

10　网红也是梦想

最近几年，随着网络的发展，产生了很多新生事物，网红也应运而生，成为青春期孩子关注的焦点，他们对于网红不但欣赏、崇拜，甚至痴迷，将成为网红定为人生的理想和目标。

微博上出现过一则消息：

15岁的强强是江苏盐城的一名初中生，自从关注网络直播后，网红梦便在心里扎了根，他看到很多美女帅哥都是常州的，就想拜师学艺。2018年2月22日，他趁父母不注意离开家，蹭车到了常州，熬了两天，没找到那些直播的前辈，却饿得前胸贴后背，一心追梦的他终于向现实妥协，去当地派出所求助。接到电话的父亲赶过来时，他已经一天一夜没合眼了。

"95后"最向往的新兴职业调查数据显示：主播网红占到54%，配音员占17%，化妆师占11%，cosplay占8%，游戏测评师占7%，其他占3%。由此可见，网红对于青春期孩子的影响力有多大。所以，当越来越多的父母担心孩子因为网红影响正常的学习和生活时，我们并不感到意外。

知乎上有作者说过一个见闻：

> 去买奶茶时，在奶茶店碰到几个穿假万斯小脚裤的初中小女孩在聊天，一个小女孩说："我以后就玩快手，然后找个社会上的男朋友出钱买衣服和化妆品，要是火了就不用读书了，网红都这样。"

> 当越来越多的孩子开始幻想着找社会上的男朋友，当个抖音、快手上的网红，通过流量挣快钱时，我们很清楚地看到，他们的价值观就是：有钱就是成功的唯一标准，而网络走红就是第一生产力。

作为父母，没有几个人会支持孩子走这样的道路，但无论是粗暴制止还是谆谆教导，我们都要先分析，为什么越来越多的孩子陷入了网红的泥潭里，背后的因素是什么？

首先从家庭角度来看，很多父母自己穿衣是明星同款，日用品是网红产品，休闲娱乐是抖音、快手等网络短视频，挂在嘴边的话题也离不开娱乐八卦。在孩子渴望父母关心自己的时候，父母却正在关注某个明星和网红。在这种环境熏陶下长大的孩子，怎么能不被网红吸引呢？青春期的孩子哪个不希望自己被更多人关注呢，当明星要求相对高，但网红的门槛并不高啊，所以他们自然萌生去当网红的想法。

试想，如果父母习惯于读书、学习、画画等，远离网络直播，孩子即便通过同学等接触到网红，也不足以受到巨大的影响。

其次从社会角度来看，在我们国家，明星网红的地位和收入都超过绝大部分人，入有豪宅，出有保镖，风光无限；明星网红的一举一动天天上头条，平民百姓解决不了的问题、维护不了的权益，他们在微博上呼吁下就可以解决；产品要找明星代言，活动要有网红出席，社会价值观也要通过明星网红传递。这样的职业自然是人人艳羡的，孩子也不例外。

再次从学校角度来看，为了迎合孩子的喜好，有些中小学考试里开始使用明星的歌词，以明星的语言、事迹来命题，还有些大学搞活动，也要请明星或网红出场，以显示学校的实力。

青春期的孩子，无论感知多么迟钝，他们都会发现，作为一名网红或明星是多么光彩夺目的事情。而明星的门槛太高，当网红相对来说容易多了，长得漂亮帅气或有一技之长都有可能走红，这比学习容易多了！成年人在工作上都喜欢走捷径，何况孩子呢？谁不想被光环笼罩呢？

所以，当孩子的梦想是当一名网红时，父母首先应认可在这种社会环境下，当网红是符合孩子的未熟心智的选择。

我知道有很多人不服气，哎呀，我的孩子怎么可以去当网红呢？于是用各种办法阻挠孩子。事实证明，青春期的孩子都是要顺毛捋的，你越阻挡，他越要做，结果自然越来越糟糕，甚至造成不可挽回的后果。所以，如果不想让孩子的梦想是做一名网红，就要用合理的方式引导。

引导方式一：你这个样子，像极了青春期的我

父母一代的青春期和孩子的并无不同，他们的梦想五花八门，不乏想当明星做偶像的，多年以后，也许有人真的成了明星，但大多数人已经改变了初衷，踏上了另外一条适合自己的征途。所以，当孩子说想当网红时，不用着急否定，而可以由衷地说："我那时候跟你一模一样，也想成为周杰伦呢！"孩子一听马上来劲，追问你当时都是怎么做的，后来又为

什么会放弃。这可是沟通的最好时机，家长不妨讲讲自己当时追梦的过程以及后来如何找到了自己的定位，然后认真倾听孩子想当网红的原因以及行动准备，再共同理清孩子的优缺点。这种沟通不仅拉近了亲子距离，也显示出父母对孩子的尊重和理解。

有些孩子对于当网红非常执着甚至偏激，只是因为年龄小，经历少，家长的引导方式欠佳而已，家长越是横眉立目，以权服人，孩子越容易陷入泥潭。

引导方式二：梦想和现实，就差那么一丢丢

现在的孩子们，才艺优秀者比比皆是，在唱歌、跳舞、乐器等表演方面擅长的孩子，很容易就觉得自己有成为网红的资本，这时候父母千万不要打击孩子，泼冷水，贬低孩子只会让事情越来越糟糕。有些父母为了阻止孩子当网红，不但贬低孩子，而且贬低网红这个职业，一刀切，也只会让孩子愈加坚定。

正确的做法是，告诉孩子，梦想和现实，只差那么一丢丢。谁都知道，实现任何梦想都要付出努力，当网红也不例外，社交能力、表达能力、一技之长，等等，都是网红的必备要素。所以，父母可以以此为由循循善诱，让孩子从现实出发，提升自己的各方面能力，为实现梦想打好坚实的基础。

有个网友老爸做得就很好。当他的女儿说自己长得漂亮，想当网红时，他说："这是好事啊！当网红，光漂亮不够，你得语言表达能力强吧？要好好练练！"过了一段时间，孩子觉得自己的表达能力不错了，老爸又说："嘿，你真行！不过你的英语得过关，要不粉丝说英语，你可就蒙圈

了!"孩子又开始加强英语学习，再过一段时间，老爸又说了："你的英语进步不小啊！不过，你看看，靠外表当网红的都不长久，真正长久的，得有一技之长，你得选择一个自己感兴趣的特长，好好钻研。"……孩子在老爸的这种"支持"下，学习突飞猛进，而且还在不断进步呢！随着知识面的拓宽，孩子的眼界也更加宽广，那个当网红的梦想，不知不觉可能就"丢"掉了！

引导方式三：圆梦行动，陪你一起放下执念

父母最担心、最感到无奈的，就是那些执念太深的孩子。

"凭什么我做不了网红，我比很多网红都漂亮！""我交际能力强，自带流量，随随便便就能当个网红小花！""你们是吃不到葡萄说葡萄酸，你们怎么知道，我的梦想实现不了呢？"

……

我们不是也说吗，梦想要有，万一实现了呢？

对待这样执迷不悟的孩子，你唯一需要做的就是，帮助他去圆梦。我有一个表妹，长相比较出众，从小也是被各种捧在手心，因而心高气傲，觉得自己分分钟就能当网红。为此，她的成绩一落千丈，父母亲戚轮番劝解，她就是不听。后来父母决定，要帮她去实现这个梦想，表妹激动不已。

他们先到一个演艺培训中心，人家让唱首歌，五音不全；人家说，那就随便跳个舞吧，结果肢体僵硬；别人说，要不你随心所欲，表演个什么特长，表妹迷茫地摇了摇头……

虽然培训中心表示，只要表妹愿意，她可以一点点地学，但表妹突然

醒悟了，她说，与其穿个不合适的鞋子痛苦不已，还不如努力去找合适的鞋子。现在的她学习成绩稳定，性情开朗。

当然，有很多孩子未必会像表妹一样顿悟，这期间父母少不了要付出很多精力来帮助他们认清现实，经历失败，然后从失败中明白，网红这个梦想并不适合自己。

青春期孩子都是不撞南墙不回头的，对他们说千万遍，还不如让他们经历一次失败。对于执迷的孩子，只有在帮他们圆梦的过程中让他们清醒，他们才能回头。

最后，父母们要注意，有些孩子想当网红，纯粹是出于心理需求。父母给予的关注和鼓励太少，甚至给他们贴上了很多负面标签，他们感受到的全是挫败感，所以才想从网络中寻求关注和表扬，找回成就感。对于这样的孩子，父母们要多一些宽容和信任，找到孩子的闪光点，多多鼓励，他们就会在现实和梦想之间做出理性的选择。

网红作为一门新兴职业，我们不能否认它有积极的一面，显示出了智能时代商业的创新思维，也不排除有些网红是正面并有极大能量的，但这个行业目前良莠不齐，对于青春期三观未成形的孩子而言，更多的是误导和欺骗。所以，父母有必要让孩子早早摆脱这样的"梦想"，寻找更适合的目标，也有必要提醒孩子，在纷繁复杂的世界面前，保持独立思考，理性选择自己的道路。

11 "我想离家出走"

青春期孩子的需求无法得到满足，情绪波动下很容易做出极端行为，离家出走就是其中之一，每每发生都让家长后悔莫及。

老师：

我是一名高一的女生，最近特别烦，想离家出走。

我的父母离婚后又各自有了新的家庭，我归妈妈，妈妈结婚后又生了一个弟弟，之前我也没觉得有什么不对劲，但最近越来越感觉到，我对这个家庭而言是可有可无的。有时作业多，我做到半夜才睡，妈妈也不会过问；来月经肚子痛，妈妈也完全没有反应，甚至连卫生棉都是我自己去买。最让我伤心的一件事是，我有次去同学家玩太晚没回去，就给妈妈打电话说了一声，她只是"嗯"了一声，后来我即使不回家，她也不打电话，她似乎也不关心，也从不过问。我感觉……我像是被家人遗忘了的一具躯体，反正喜怒哀乐都没有人在意，在他们眼里，只有弟弟才是重要的。

当然，我写信给您并不完全是为了倾诉，而是，我想请教，离家出走后，我要怎么正常地生活下去。我知道外面有很多危险，也明白一个女孩子离家出走后有多艰难，很可能走上歪路，所以，我希望您能给我一些确切的建议，让我在不走歪路的情况下，能够生存下去。或者要不要去找我的爸爸？我爸爸虽然不怎么关心我，但他至少还没有孩子，也许会慢慢对我更重视一些……

看到这封信的时候，我的心情非常沉重。我在头条上看过很多类似的事例，青春叛逆期，离家出走似乎是很多青少年惯用的反抗方式，吵架了离家出走，被父母管得太紧离家出走，缺少安全感离家出走，成绩太差离家出走……无论是对于社会还是家庭，孩子"离家出走"都是一件令人痛心的事，而这样的事，现在却越来越频繁地发生。

谁都知道，这是青春期失控的表现之一，这时候的孩子独立意识开始增强，自尊心强，不喜欢被控制，更不喜欢被当成一个傀儡，一旦父母不尊重他们，或者过于控制和苛责，他们就会做出一些极端的行为来反抗。写这封信的孩子，又与其他孩子不同，她是因为非常缺爱：妈妈忙于照顾弟弟而忽略了她，后爸和她也没什么感情。对这个孩子，我给了她三个建议：一、好好考虑两个问题，离家出走是不是可以一劳永逸，远离烦恼呢？父亲的家庭是否能接纳你？二、在这个世界上，妈妈肯定是比任何人都爱你的，如果你体谅到了妈妈的辛苦，妈妈的回应自然也会多一些。再试着去和后爸多交流沟通，努力努力，可能很容易就解决了这种困境。三、即使父亲接纳你，你仍然会遇到很多新的问题，如果父亲这些年也没怎么牵挂你的话，对你的感情自然也不会深厚，所以也不要寄予厚望。最后，我告诉她：离家出走只会让自己陷入更大的困境，与其那样，不如想办法改善和父母的关系，实在不行，也可以短暂离开，去外婆家或奶奶家住几天，让自己冷静冷静，但离开前一定要告诉妈妈你去了哪里，并说明自己的委屈之处，尤其别忘了告诉妈妈，你很爱她。

对于孩子而言，父母的爱有时让他们感到困惑与难受；而对于父母而言，他们很多人是用尽了全力来爱孩子，只不过方式不恰当。青春期是孩提时代与成人世界全力碰撞形成的结果，这个过渡期是一个人个性与性格形成的重要时期，父母要引导孩子处理极端情绪，有必要先分析一下孩子是在哪种情况下离家出走。一般来说，离家出走大致有四种类型。

逃避型：据统计，百分之六十以上的孩子因为家庭暴力离家出走，他们基本上都生活在对他们身心发展不利的家庭里，学习成绩较差，容易情绪化和冲动，为了免受打骂选择离家出走。

盲从型：这类孩子较单纯，辨别是非的能力较低，他们出于好奇心或轻信别人的话，被诱导后离家出走。他们的离家出走带有一定的盲目性，出走后不久便会后悔莫及，也有些孩子会选择马上回家。

向往型：这类孩子大都是家中的宠儿，备受娇惯，但缺乏正确的引导和教育，追求新鲜感，所以有些孩子甚至会与社会上不务正业的人交往，为此不惜离家出走，去追求他们自认为非常值得的"目标"和"理想"。

报复型：这类孩子因为受到（或自认为受到）家长的不公平对待，所以用离家出走来进行报复，以获得心理上的平衡，他们一般不会走太远，有些人甚至暗中窥视父母寻找时的紧张样子并为此幸灾乐祸。

显而易见，离家出走的原因以家庭教育不当为首，其次是受到某些人或事的不良影响，被诱导至离家出走。青春期孩子心理容易逆反，精力旺盛，求知欲强，同时又缺乏社会经验，离家出走势必会遭遇重大危险，有些人走上邪路，有些人甚至付出生命的代价。所以，对待青春期的孩子，父母应认识到孩子离家出走的严重后果，理性沟通和教育，避免孩子选择这种极端方式。具体来说，父母要做到以下五点：

一、不强人所难

不要强迫孩子去做自己不愿意做的事，要知道，越压制越反抗，要温和地和他们沟通，让他们能理解父母的用心，心甘情愿去做。现在上培训班的孩子里，就有一些是被逼着上的，对这样的孩子，父母一定要警惕，尽早疏导他们的情绪，避免他们做出极端的事。

二、控制情绪，直抵要点

父母在监督孩子学习的过程中一定要管住自己的情绪，就算是孩子在学习上犯了错，应该批评，父母也应该注意说话的口气，在平等、尊重的基础上去引导，明确指出问题，而不是一味地批评孩子这不好那不好。有些父母甚至还会把陈芝麻烂谷子的事都拿出来说，这会让孩子非常抵触，情绪也坏到了极点，离家出走也就不稀奇了！

三、有坚定的原则和立场

过于宠爱孩子的父母，很容易在孩子面前失去原则和立场，答应一些无理的要求，放纵孩子，到了孩子青春期犯错的时候再教育，就很容易让孩子产生逆反心理，选择离家出走来吓唬或威胁父母。所以，父母对孩子的关心和爱护要始终保持一个度，原则性的问题必须严格遵守，让孩子能够明辨是非，懂得对错。

四、适度关心和爱护

青春期的孩子最烦的就是被父母控制。在父母眼里，因为爱孩子，所以照顾孩子的方方面面，让孩子能够感受到爱，体会幸福；事实上，在孩子眼里，父母的这种做法让他们感觉自己很无能，什么都要依赖父母，有些孩子甚至用"让人窒息"来形容这种全方位的爱。所以，懂得放手，让孩子经历他应该经历的挫折，才能有助于他的成长和独立。

五、培养孩子处理情绪的能力

及时培养，预防不测，这是父母最有必要给予的教导。选择孩子比较放松的场合，比如一起散步或一起看电影的时候，重点围绕让孩子了解"独立意识"与"自理能力"的关系，有意识地培养和提高孩子自我服务、自我管理和自我认识的能力，尤其是遇到极端情绪时的纾解能力。长此以往，孩子在情绪处理上可能比成年人都更得当，完全不用担心他采取极端方式。

当然，一旦孩子真的离家出走，父母肯定焦急万分，但这时候更要沉着冷静地分析孩子离家出走的原因，以及是单独出走的，还是和别的孩子一起出走的，把情况弄明白后，迅速和学校的领导、老师及其他亲友取得联系，请求他们协助寻找，必要时报告当地治安派出所，请求他们帮助。

面对那些离家出走后被找回的孩子，有些父母气急之余很可能一巴掌甩上去，殊不知，这一巴掌可能会打出孩子的下一次离家出走。所以，对于回家的孩子，父母要像往常一样，关心孩子的生活起居，缺课的要及时和学校老师配合给他们补课。等孩子平静下来以后，找机会做一次促膝长谈，了解孩子离家出走的各个细节，指出孩子离家出走的错误所在，以及对自身、对家庭、对学校、对社会造成的困扰，帮助孩子提高认识，避免孩子再次负气出走。

合理引导：
解决孩子的问题，尊重但不放纵

怎么说，更有效？怎么说，孩子最容易听进去？
要尊重孩子，但同时，也要限制他的不当行为。

1 孩子顶嘴怎么办

面对孩子的诸多"反抗"和"顶撞",家长别急着暴跳如雷,不妨先思考思考:孩子为什么"顶嘴"?

青春期的孩子喜欢顶嘴,无论父母说什么,他们都要反驳两句,很多父母因此感到头疼,孩子怎么变成了一个"刺儿头",这以后还怎么跟人交往?

我表哥的女儿今年 14 岁,小时候特别活泼可爱,上初中后,用表哥的话说,简直就是一百八十度的转变。

这段时间成绩下降很厉害,我找了家培训机构,试课很理想,孩子也没有表示异议,但到了正式上课的时候,她就撂挑子了!我真是无语极了,忍不住问她:"我们都觉得很不错,你自己也认可了,为什么又不肯去了呢?"

她不服气地说:"你觉得很好,我觉得一般!"

"哪里一般了?"

"环境不好。"

"关起门来上课，外面什么环境也影响不到你啊!"

"又不是你去上课，你当然觉得无所谓了!"

"我这钱都交了，你现在闹别扭，早你怎么不说呢?"

"现在才想到，不行吗?!"

她瞪着眼睛，看起来比我还生气，我真是气得内伤。听你的话，我也不对着青春期孩子发火，可不光这件事，在很多事上，她都喜欢和我们对着来，什么歪理都有，我们还说不过她。你说，这顶嘴的毛病，是不是要给改改?

表哥说话的时候，几乎都有些咬牙切齿了，我可以想象，在家里父女俩对呛的情景。

青春期的孩子，不听话、顶嘴几乎是家常便饭，他们不愿意接受父母的安排，喜欢挑战权威，所以总是做出一些看起来与父母的期望相反的行为，严重影响到自己的身心健康以及和父母之间的关系，所以，用表哥的话说:"理解是理解，但不能放任不管吧?"

在探讨怎么管之前，我们有必要先了解一下，青春期孩子为什么喜欢顶嘴? 具体来说，大体有三方面的原因:

一、孩子渴望关注和关心

每个孩子都希望得到父母和老师的关注及关心，青春期的孩子更是如此。如果父母开口闭口都是学习，忽略了孩子的其他感受，孩子就会感觉自己只是个学习机器，这对自主意识强烈的青春期孩子是一种极大的打击，他们想当然地认为，父母不理解不关心他们，于是，他们就可能采取一些极端的方式或与父母对抗的行为来获得父母的关注。

二、父母的教养方式不当

在心理学上，一般将父母的教养方式分为四种：权威型、专制型、放纵型和忽视型。这四种方式对孩子的要求不同，给予孩子的体验也不同，当然，孩子的成长结果也相差甚远。权威型的父母相对理性民主，对孩子有一定要求，同时又能给孩子民主、平等的感觉；专制型父母则喜欢独断专行，要求孩子绝对地服从他们，会让孩子产生反抗的情绪；放纵型父母溺爱孩子，缺乏控制和合理约束，孩子相对就显得自我控制能力差，不愿意承认错误，可以想到，等父母发现问题，要管教孩子时，孩子自然就无法接受，从而出现一系列的逆反行为，比如顶嘴、闹情绪甚至离家出走等；忽视型父母对孩子一般不太在意，既不表达对孩子的爱和关心，也不约束孩子的行为，孩子感受到的就是被忽略，不被关注，从而会有通过逆反行为获得关注的冲动。

一般来说，我们都推荐父母选择权威型教养方式，这也是最适合青春期孩子心理的方式，因为平等的交流和沟通，可以有效矫正青春期逆反的行为。

三、孩子青春期的特点使然

对于青春期孩子而言，自己是个"大人"了，他们有强烈的自我意识和独立需求，希望通过自己的方式解决问题，但往往由于各种能力有限，表达方式上容易冲动、情绪化，而在显示自己大人一面的同时，又因思虑不周被否定，这时就会更为反叛。这种情况，在父母眼里，就是"你错你

113

还有理了!"

　　明白了孩子喜欢顶嘴的内在原因，相信很多父母都可以理解和包容孩子的这一问题，但光理解和包容不够，父母还要激发孩子的成长潜能，梳理孩子的误区，引导孩子往正确的方向积极发展。所以，具体落实起来，父母可以借鉴以下五点：

一、摒弃权威，崇尚平等

　　一些父母习惯用"你必须要……""你不能……"这种话语跟孩子讲道理，明显带着一种权威和专制，孩子很容易产生逆反心理，顶起嘴来。所以，父母首先要平等对待孩子，尊重孩子的意见，对孩子的要求要符合实际情况。对于青春期的孩子，一些家庭事务和重大决策，比如，买房、搬家、旅游等，都可以询问他们的意见了，这样一方面可以锻炼孩子处理事务的能力，满足他们的自主意识，另一方面也有助于孩子早日独立。

二、多关爱，多沟通，多倾听

　　有多少被困扰的父母，就有多少不愿意跟父母好好说话的孩子。孩子的成长不是一蹴而就的，需要父母细水长流的关爱、照顾和尊重。想让孩子有话愿意跟父母说，出现问题时能第一时间求助于父母，就要建立良好的亲子关系。这种关系只能由父母来主导，所以，父母要行动起来，尽可能抽出时间陪伴孩子，多和孩子聊天，倾听孩子的烦恼；当孩子顶嘴时，能够包容理解；当孩子做错事时，不使用贬损性或侮辱性的语言来打击孩子……总之，多关爱，多沟通，多倾听，这样亲子关系才能顺畅、良性地生长，正如孩子的成长一样。

三、表扬孩子的正面行为

如果父母坚持了第一点、第二点，会不难发现，孩子的积极转变越来越多，他们愿意好好跟父母说话了，有时父母说的话他们也能马上接受了。对于这些正面的行为，父母要在第一时间进行表扬，肯定孩子的转变。但表扬时，切忌用空泛的语言，比如"你好棒""做得真好"等这种话，在青春期孩子眼里，这是用来哄小宝宝的。父母要用事实来表扬孩子的行为，才显得客观真诚，比如："你愿意听爸爸妈妈的意见，选择参加这次献爱心活动，那么辛苦你也坚持了下来，真是了不起，我们为你感到高兴。"

正面鼓励永远比说教有用，这是屡试不爽的沟通原则之一。

四、满足孩子的好奇心

进入青春期的孩子认为自己已经有和外界相处的能力，他们的好奇心开始膨胀，渴望接触新鲜的空间和世界，如果父母一味禁止，他们会非常反感，从而产生抵触情绪。正确的做法是，满足孩子的好奇心，如果孩子对游戏兴趣浓烈，父母可以找一些时间专门陪孩子打一会游戏；如果孩子想美甲，在假期里也可以带孩子尝试一下。当然，对于一些不良兴趣，比如赌博等，父母要合理拒绝。

孩子的视野和心胸开阔了，他们对待父母、学习的心态也会越来越正面。

五、引导孩子的思维和表达方式

相信很多父母有切身体会，孩子顶嘴时伶牙俐齿，怎么说都是自己有理，这其实是孩子能言善辩的一个体现。父母大可以鼓励孩子把话说完，通过这种实践，锻炼孩子的语言表达能力；并引导孩子理性说话，有理有据地去解决问题。

还有一些孩子，顶嘴完全是出于"爸爸妈妈太唠叨，我实在听烦了！"所以，父母在和孩子沟通时，也应该注意表达方式。

心理学家认为，争执能帮助孩子变得自信和独立。在争辩中，孩子会感觉到自己受到重视，知道应该怎样表达才能实现自己的意志。尤其是在与父母争辩后发现自己是对的，这会使孩子获得一种快感和成就感，既让孩子有了估量自己能力的机会，也锻炼了他们的意志力。

所以，青春期孩子顶嘴并不意味着学坏，而是意味着他们有了强烈的自我意识，想寻求自己的空间。父母要与孩子平等地沟通和交流，更多地聆听孩子内心的想法，毕竟孩子做什么事，总有他自己的道理。虽然未必合理，但也只有通过沟通对话，父母才能知道孩子的想法，然后再想办法引导、解决。

比如我那个表哥，我建议他换种方式跟孩子说话："你这么做一定有你的道理，跟爸爸说一说，让我听听好吗？"如果孩子说出了其他原因，那么，可以进一步跟孩子协商如何解决。"好吧，爸爸完全理解你的想法了，我相信我们一定能找到彼此都能接纳的方案，达成共识。"

2 孩子给闭门羹怎么办

孩子到了青春期，最明显的表现是什么？

相信很多爸妈最常听到的就是："你好烦！"让他做作业，你好烦；让他睡觉，你好烦；让他吃饭，你好烦；让他出门，你好烦……父母真是有苦说不出，明明都是为了孩子好，怎么落到自己里外不是人呢？一个烦恼的父亲这样说：

> 我儿子自从上了初二，真的是越来越叛逆了，他爱听那种闹腾的音乐，做作业也听，我实在忍无可忍，就提醒他关掉音乐，可他不但没关音乐，反而"砰"的一声把门关上，而且还反锁了！看电视时，他都是斜躺在沙发上，我批评他行为不文明，说这样对视力也不好，他扭头就进了房间，接着"砰"，又一次关上门。此类小事真是不胜枚举，我都担心门迟早要被他摔破……

几乎所有的父母都领教过青春期孩子闹情绪、发脾气，而且这几乎是家常便饭。

青春叛逆期，一定要这么火爆吗？

事实证明，无法控制情绪、拒绝和父母沟通、对抗父母等都是青春期孩子的显著特征，动不动就给父母吃闭门羹也很正常，这都是青春成长中的必然过程。究其原因，主要有三个方面：

一、生理心理快速发育

到了青春期，孩子的第二性征以及心理会发生急剧的改变，同时脑前额叶皮层也处于生长发育的阶段，孩子容易出现神经上的冲动。在正常情况下脑前额叶皮层发育比较晚，这样就会让孩子出现判断力不足以及情绪化的问题，而且，他们的自我感觉也会发生相应的变化，觉得自己长大了，对事物都有了自己的看法。虽然有的看法不是很成熟，但他们非常希望周围的人，尤其是重要的人，比如父母、老师能够聆听自己对某些事物的看法，希望被周围的人尊重。父母如果仍然用过去的一味说教的方式和中学生进行沟通，就会碰壁，你给他讲一个有关学习的很重要的道理，他可能会躲进自己的房间"砰"的一声把门关上，用这种忽视和忽略的行为表示对父母的反抗。

二、家庭教育粗暴

很多喜欢摔门的孩子都是在模仿父母，如果家庭环境不和谐，父母用偏激的方式处理问题，孩子就会从父母身上学到这种方式。到了青春期，孩子有了自己的想法以及爱好，遇到父母制止或者粗暴干涉，就会马上出现逆反的心理，其表现首先就是摔门。要知道，随着孩子的成长，他认识世界、看待自我、看待学习的方式也发生了变化，所以家长管教孩子的方式也要随之改变。比如之前父母都是以命令的方式督促孩子的生活和学习，但对于中学生，这种口气非常刺耳，让他们极为反感，他们也会采取相应的反抗方式，表达自己的情绪，这时候父母就要改用商量的口吻了。

三、自我意识苏醒

随着青春期孩子心智的发育，他们的自我意识会急速增强，从内心里想要摆脱父母的控制，不喜欢被父母牵着鼻子走，急欲抢到话语权，所以对父母的话不时会产生逆反的心理，一部分孩子就会用摔门这种暴力的方式来表达不满。这时候的父母会经常听到诸如"我自己的事我做主""我的方法比你们的更好"一类的话，这是孩子独立意识苏醒的表现，即使态度不佳，父母也应理解。

面对孩子动不动就闹情绪摔门、给父母脸色的情况，父母自然也会恼火，他们常见的一些处理方式如下：

1. 以暴制暴。"再摔门试试看!"这一类的恐吓话语，不但会扼杀孩子的自尊心和安全感，而且会让孩子做出自我破坏和攻击的被动行为，以此进行报复。

2. 给孩子贴标签。"你为什么这么粗暴不懂事?"要知道，这些负面标签会轻而易举地扭曲孩子的自我概念。

3. 回力球效应。"你干脆把我气死好了!"孩子闹脾气时，父母无法保持冷静，反而回以愤怒，形成"你来我往"的恶性循环，那么孩子遇事时就会条件反射地用发脾气的方式解决问题。

这些反应不但伤及孩子的心理，也会影响到亲子关系，导致孩子越来越不愿意和父母沟通，所以，父母在理解和包容的基础上，还要采取一些合理的应对方式和引导方式。

首先，父母要冷静地接纳孩子的情绪。当父母遇到孩子不听话、不配合、不沟通的情况时，不能将之当成是对自己威严的挑战，从而指责批评，而是要承认这是孩子生理成熟、认知能力提高、自我同一性发展的结果，是他们成长的表现，是好的开始，要冷静地接纳孩子的情绪，等孩子情绪好一点再表达孩子摔门时自己的感受。父母若是盲目否定孩子，说孩子不懂事、不讲道理，孩子反而会变本加厉，更加情绪化；反之，父母若是对孩子表现出理解和包容，他们摔门的声音就会越来越轻。

其次，要认识到孩子摔门闹情绪是叛逆也是契机。这些叛逆的表现是在提醒父母，该调整教养方式了！父母应从之前的主导者转变成孩子成长的陪伴者，以孩子为主，这就意味着支持和认同，意味着和孩子以平等的关系相处。接下来，父母还要像一面情绪镜子，协助孩子觉察、认清自己的情绪，表达自己的感受，例如："你摔门那么大力，心里一定是憋着火！"然后再协助孩子认识自己情绪的爆发点，厘清原因，并帮助他使用正确的表达方式，比如："妈妈觉得，如果你不摔门，告诉我你的感受，我肯定更容易接受一些。"

最重要的是，在孩子开始抵触父母时，父母要制定一些合理的规则，以避免冲突加剧，比如晚上十一点前必须上床睡觉，早上七点起床，周末任选一项家务等。孩子一旦认可了这些规则就必须遵守，如果有不遵守规则的行为，父母可依照双方之前确定的规则进行一些小处罚。这样做的目的，就是让孩子感觉到自己是服从于规则，而不是听命于父母。

无论采用哪种方式，都需要父母调整自己的行为。青春期的孩子，只有心平气和地与他们沟通，他们才愿意和父母交流，所以，在包容孩子的同时，父母要鼓励孩子多表达自己的观点，而不是使用摔门、给冷脸这些消极方式对抗。具体落实到生活中，可以带着孩子多做一些提升情绪表达能力的训练和活动。

一、控制情绪练习

和孩子练习身体放松的技巧，例如深呼吸、肌肉放松、静坐等，这非常有助于提高孩子的情绪觉察力，稳定波动的情绪。

二、累积快乐存折

美国心理学家塞利格曼说，建构孩子的正向情绪并不是教孩子盲目的乐观，或者否认、避免负面情绪。充足的安全感、肯定孩子的自我、温暖热情的家庭气氛、无条件的爱但有条件的奖励，以及许多好事件，都能为孩子架设一张"情绪安全网"。正向的情绪，是快乐、关怀、感动……它们会在孩子身上显示出强大的力量。

三、身教的榜样力量

有很多父母，面对孩子时有很多道理和劝解之法，可是自己遇到问题时无法保持冷静，这样会导致孩子对父母的管教失去信心。孩子通过观察、模仿，会不断吸收父母表达情绪的风格，所以，在孩子面前，父母的情绪表达很重要。父母偶尔也可以给孩子讲讲自己的不良情绪造成的后果，一方面帮助孩子更好地控制情绪，另一方面有助于维护良好的亲子关系。

培养情绪力是一个持续进行的过程，只要父母们坚持投入时间，保持耐心，运用技巧，多加练习，孩子的情绪体质就会得到有效改善，即便在青春期非常冲动的情况下，他也能控制住自己的洪荒之力，解决情绪问题。

青春期孩子处于身心急剧变化的阶段，父母要做孩子坚强的后盾，不能光是动动嘴巴，还得准备良好的心态和分析、总结的能力，找出青春期问题的缘由，冷静处理，积极引导，帮助孩子自信成长。

3 孩子太懒怎么办

随着我们国家的繁荣富强，人民的生活水平明显提高，孩子享受到的物质条件也越来越丰富，但与此同时，我发现，不做家务的孩子越来越多了，说白了，懒孩子也越来越多了。

我朋友在开完家长会后，给我在微信上留言：

> 我这几天脑子里就萦绕着老师的一句话：我们班孩子有多懒，你们知道吗？即使知道这里错了，老师也讲了正确的答案，但他就是懒得改。
>
> 这说的不是别人，正是我们家那位少爷啊！你说，我可怎么办呢？

我朋友的儿子今年上初三，是出了名的懒散。父母不催他换衣服，他可以一个月都不换；一周洗一次澡还要父母逼着去洗，早上拿毛巾抹一把脸就算洗漱好了；周末赖床到十一二点，中途怎么叫也没用；学习也深受这种不良习惯的影响，写一会作业就说好累，要吃水果，要喝水；改错题就直接把老师给的答案一抄，遇到难题就直接不做……

朋友非常头疼地说："我现在都没指望他成绩能提高多少，但好歹也要有点能力，以后不至于饿死啊！"

懒惰，是人与生俱来的恶习之一。

寓言故事《懒人吃饼》非常有名：古代有个孩子，特别懒，有一天他的妈妈要出远门，给他做了块大大的饼套在脖子上，让他饿了就低头咬一口。没想到，等到妈妈回来的时候，这个懒孩子已经饿得奄奄一息。妈妈一看，饼还在脖子上啊，怎么没吃呢？再仔细一看，他只吃了嘴巴够得到的一圈，吃不到的，他就懒得够了！

每次讲这个故事孩子们都哄堂大笑，可是父母都心知肚明，如果孩子懒得生活，懒得学习，更懒得思考，就会导致生活邋遢，学习不上进，遇事逃避，迟早也要和故事里的懒孩子一样，在生活中付出惨重的代价。

所以，如果家有懒散的孩子，父母一定要提高警惕，尽快修正孩子这一不良习性，帮助孩子唤醒生命力，积极地投入到学习和生活中。要解决问题，首先要分析孩子太懒的因素，一般来说，有三大因素会导致孩子懒散：

一、父母的过多包办

大家都在感慨，现在的孩子，衣来伸手，饭来张口，太幸福了！殊不知，这恰恰是孩子的大不幸！很多父母认为孩子最重要的事情是学习，从而不愿意让孩子分心做家务，这导致孩子自理能力差，对于家务更是了无兴趣，在生活上严重依赖父母，还觉得理所当然。去年有个新闻轰动一时，一位留学回来的男生，因为嫌工作太辛苦，所以在家靠母亲的退休工资维持生计，当母亲指责他时，他反驳道："你如果不能养活我一辈子，为什么从小对我那么娇惯？"大多数孩子的懒散，都与父母包办有关，父母不舍得孩子吃苦，不舍得孩子把时间浪费在家务上，不舍得孩子陷入困境，于是冲锋陷阵地帮孩子解决了所有的后顾之忧，却将孩子培养成了"高分低能"的人。

二、孩子的不良个性

孩子如果存在以下三种情况，会特别懒散：

其一是依赖。懒散的孩子，会特别喜欢依赖别人，在家里，衣食住行依赖父母，做作业也需要父母提示和督促；在学校，不积极举手回答问题，不会的题目寄希望于老师给答案或抄同学的。这种惰性心理，导致孩子能力减退，思维变得越来越迟钝，遇到难题就真的不会做了。

其二是畏难。孩子缺少克服困难的毅力和恒心，做任何事都没有信心，怀疑自己的能力，所以遇到难题时，就想尽可能地逃避。洗衣服洗不干净，所以不想去洗；题目太难不会做，所以就放弃……慢慢地，不会做的事越来越多，想逃避的事情也越来越多，长此以往，这种畏难情绪会让孩子完全失去信心，不想接受任何挑战，遇到一点点困难就开始偷懒。

其三是缺乏上进心。有些孩子，太容易自我满足，对自己要求低，得过且过，做任何事都马虎凑合，这种心态导致他们越来越没有上进心，对于错误抱着"混"的心态，懒散的习惯也就顺理成章地养成了！

三、身边的负面榜样

孩子的生活离不开榜样，从最初的模仿父母到模仿他人，人类都是这样成长的。所以，如果父母本身生活懒散，孩子自然也无法养成良好的生活习惯。他人也会对孩子造成影响：到了青春期，孩子最容易对明星和网红感兴趣，认为他们成功得很容易，都是"走捷径"，从而认定，不勤奋也可以成功，这种念头也会让孩子越来越懈怠。

那么，如何做才能有效改造懒孩子呢？青春期的孩子本来应该是朝气蓬勃、精力旺盛的，其实很多时候，不是孩子太懒，而是孩子不知道如何更好地实现自我价值，所以，父母要重点解决这个问题，让孩子忙得有价值、有回报、有成就感。具体来说，可以从以下五个方面来进行：

一、设立小目标，让孩子忙一点

研究证明：忙着的人比懒着的人更快乐，但是没有目标的瞎忙所带来的罪恶感，会扼杀这种快乐。对于懒散的孩子，父母首先要设立一个合适的小目标，让孩子有忙碌的欲望。比如，每周末孩子要清理卫生间，第一次，可以先让孩子学着整理洗发水、毛巾架等，第二次可以让孩子在这个基础上，再尝试刷洗马桶，这样，逐步增加，直至孩子能独立完成清理卫生间的工作。父母对此要给予一定的表扬或回馈，比如，因为这项工作完成得非常圆满，所以奖励孩子看一个小时电视，等等，以刺激孩子实现目标的欲望。

二、赋予孩子责任

每个人生来都是有责任感的，那些依赖父母的孩子，因为缺失责任感，所以日渐懒散。当父母给予孩子一些可以承担的任务时，你会发现，孩子比你想象中的能干多了。前面我提到的朋友家的孩子，朋友让他给邻居家小妹妹辅导功课，一周一次，刚开始孩子总是不情愿，但朋友一直坚持并鼓励他，他慢慢就愿意了，现在越来越带劲，因为刚上二年级的小妹妹非常崇拜他这个大哥哥，这让他体会到了通过自己的努力获得的喜悦，特别有动力和成就感。

三、凡事适度，保持孩子的活力

有些父母对于孩子的要求过高，让孩子产生畏难情绪，孩子感觉怎么做也无法达到父母的要求，所以就选择放弃。比如，我遇到的有些父母，如果孩子做完学校作业后时间还多，他们就马上找来一些试卷让孩子做，孩子想，反正我做完后还有作业，干脆就慢一点，然后就磨蹭、懒散。所以，父母应该对孩子有一个适度的要求，消除孩子的后顾之忧；或者就按照计划，让孩子做完作业后读他喜欢的书或者玩一会游戏，这样可以让孩子保持做事的活力，有助于克服懒散。

四、要求孩子按计划执行

合理的规则远胜过父母的督促，所以，根据孩子的实际能力，父母可以和孩子协商制订一套科学合理的学习计划，然后严格执行，让孩子对于每天要做的事情做到心里有数，提高效率，从而稳定心态，消除懒散。如果孩子没有按照计划做事，父母可以给予一些小小的惩戒，让孩子意识到，懒散的结果是付出更多，从而控制自己，更积极主动一些。

五、让孩子承担后果

懒散的结果一定是耽误学习或干扰正常生活，所以，父母不能放纵孩子懒散，同时，也不能代替孩子承担后果。比如，孩子起晚了，本来要坐公交车的，父母一着急就急忙打车送孩子，这不会让孩子有任何改变。所以，当孩子因为懒散耽误事情时，父母要让孩子承担相应的后果，迟到了，就接受老师的惩罚；衣服没洗干净，就重新洗……只有孩子承担了相应的后果，他才能从中吸取教训，反省自己。

美国著名作家梭罗曾说："智慧和纯洁来自身体力行，愚昧和无知则从懒散中产生。"

培养孩子良好的作息习惯，改善懒散的行为，这对孩子的未来至关重要，父母千万要重视并行动起来，不要轻易妥协。

4 孩子丢三落四怎么办

孩子的很多毛病，其实从小就有，只是到了青春期，父母会发现越来越难以忍受。比如丢三落四这个毛病，孩子上小学的时候，父母总觉得孩子还小，可以原谅；到了中学，父母就认为，随着孩子的年龄增长，坏习惯应该要随之改变，于是不能再忍。这有些想当然了，坏习惯从来不会自动消失，它消失的原因是人有意识地修正和改变。

一个朋友在微信上跟我抱怨：

女儿上初二了，身上的毛病越来越多，尤其是丢三落四的习惯，简直让人崩溃了！

上周五作业没带齐，打电话哭着要我送，我正上班，你说怎么送？不送又知道老师会加倍惩罚，作业本来就多，再罚一些，晚上又得熬夜，正在长身体的时候，我又不忍心，只好请假，赶到家拿了，再给小祖宗送了过去。

这周又把电话手表搞掉了，没充电，打也打不通，她说在家里，没戴出去，可就是找不到。

最让人恼火的是，那个房间，一进门就跟进了垃圾场一样，吃完东西垃圾随手乱丢，这里一本书，那里一个本子，你永远不知道她哪本是有用的哪本是无用的，钢琴架上也摆满了杂物，床上更是一堆毛绒玩具，而这，只是我收拾好不到两天的情况。

我这个老母亲的心，每天都在煎熬中度过。

一个女孩子，这么粗枝大叶、丢三落四的，以后恐怕都嫁不出去。有什么办法，赶快帮帮我吧！

我很理解这个朋友的感受，她是一家电子商务公司的主管，工作非常忙碌，回家有一堆家务，还要帮孩子整理房间，督促她学习，时间久了，自然会烦躁。她曾经也帮孩子做过记录，叮嘱孩子每天要带什么东西，东西用完要放回原处，但孩子转眼就抛到了脑后。青春期的孩子嘛，说多了她又烦，动不动就塞上耳机，拒绝听朋友的指导。如果孩子经常丢三落四，相信很多妈妈也有切身体会，这毛病看起来不大，带来的问题却不少，而且，有研究表明，房间整洁的孩子，学习成绩往往比房间杂乱的孩子好。

那么，孩子为什么会丢三落四呢？

原因一：缺乏条理

孩子的习惯里没有条理两个字，做事都是随心所欲，东西自然也没有固定的位置，时间一久，找不到这个找不到那个就很正常了！

原因二：事情太多

中学生学习压力大，学习科目多，每天都在高强度的学习中度过，生活中的一些杂事一多，孩子难免会有所疏忽，注意力一转移就忘掉了。

原因三：父母长期包办

很多父母在孩子小学阶段习惯于包办孩子的一切，这让孩子产生了依赖心理，到了中学后，再突然放手，孩子肯定会有一个不适应的阶段。比如我那个朋友，她因为担心给孩子送了作业本，孩子自然就不会记住这个教训；房间一乱她马上去收拾，孩子为什么还要操心这个事？孩子依赖性强，主动性就差，在学习和生活中，自然也容易养成丢三落四的坏习惯，因为他知道，总有人会帮他。

原因四：习惯于拖延

有些孩子有拖延的习惯，习惯于晚一点再去做某件事，结果一有其他事，自然就把这件事忘记了。

孩子有丢三落四的习惯，不光给父母带来很多烦恼，对于孩子的学业和未来也影响甚大，就像我那个朋友说的，担心孩子嫁不出去（虽然有些夸张），但丢三落四的确给孩子的生活带来了很多不利。所以，如果孩子丢三落四的毛病严重，父母一定要重视并引导他们早日改掉这个坏习惯。

具体可以从六个方面来落实：

一、制定顺序和规则

先帮助孩子制定一些规则。明确生活物品对应哪些固定位置，比如，衣服挂在哪里，袜子放在哪里，让孩子养成东西归位的习惯。坏习惯的改正是抽丝的过程，孩子会来回反复，父母可有意在相应位置贴上标签，提示孩子。对于学习物品的摆放顺序，可将功能与偏好结合起来，排出优先级，然后再以孩子的书桌为准，按由近到远的顺序排列。比如，现在孩子都有一个书柜，孩子的课本，还有一些不用天天带的作业本，这些都可以放在第一格，离孩子最近的位置；第二格可以放孩子必需的学习资料和感兴趣的阅读资料；第三格就可以放些孩子的旧笔记、不常读的书，等等。这样孩子需要找什么东西时，一目了然，避免了因为找东西而拖延时间。有序的生活环境可以帮助孩子培养爱整洁的好习惯。

二、培养孩子的独立性

父母要有意识地减少包办行为，放手让孩子自己收拾房间、整理学习用品，培养孩子的独立性与对事情的责任心。有必要的话，可以指导孩子梳理清单，睡觉前整理好第二天需要带的学习资料，并将第二天要穿的衣物备好。坚持下来，孩子也会越来越自立。

三、坚持今日事今日毕

孩子丢三落四，有一部分原因是拖延，所以，父母要本着今日事今日毕的原则，需要做的事一刻也不要耽误，马上行动，这样可以避免孩子遗忘，也有助于培养孩子的执行力。

四、给予孩子积极的心理暗示

父母有时出于谦虚或者抱怨的心理，会把孩子的缺点暴露于众，比如："我家孩子你们看着是好，实际上整天丢三落四的！"这种话一旦让孩子听到，他就会觉得"我是个丢三落四的人"，这种消极的心理暗示会让他产生挫败感，从而变得越来越丢三落四。所以，父母们千万要避免给出这种消极暗示，而要代之以积极的心理暗示，比如在孩子整理好物品后，表扬他的摆放顺序非常合理，帮助孩子树立自信心。

五、提高孩子的记忆力

孩子丢三落四也有一部分原因是孩子的大脑还未发育成熟，所以记性不好，父母可以有意识地进行一些相关训练，提高孩子的记忆力。这些训练要以孩子的年龄为标准，再结合趣味性，让孩子能接受并喜欢玩。

六、让孩子承担丢三落四的后果

孩子的东西丢失，作业本找不到，都是丢三落四的习惯造成的，父母放手的第一步，就是让孩子承担相应的后果，因为对于中学生而言，他们完全可以为自己所做的事负责了！所以我建议我的朋友，不要再帮孩子送作业到学校，试着让孩子接受老师的惩罚，这会让她吸取教训，记住带齐作业有多么重要。

父母养育孩子的过程就是一场修行，每个孩子身上都有各种各样的毛病，父母除了给予孩子耐心和鼓励，还需要用一些规则和方式引导孩子改正坏习惯，养成终身受益的好习惯，从而自信地迎接明天的挑战。

5 孩子做事拖拖拉拉怎么办

　　大多数人一生中碰到的问题，都是小问题积累成大问题，一些生活习惯也是如此。比如我们每个人身上都或多或少出现过拖延症的情况，拖延症，即自我调节失败，在能够预料后果有害的情况下，仍然把计划要做的事情往后推迟的一种行为。我们不时能听到父母批评孩子："这孩子做作业太拖拖拉拉了！"在学习上拖拖拉拉，这个问题，十个孩子里九个就有，即使是学霸也有这种时候。

　　知名社交网站"豆瓣"有一个"我们都是拖延症"小组，平均每天就有30个人加入这个小组，当中的大多数人是学生和白领。据他们讲述，自己因为拖延错过了出书，错过了高薪，甚至有人因此丢了文凭，错失出国留学的机会。

　　拖延，这看起来似乎很寻常的问题，对于中学生而言，不但影响到他们的学习效率和成绩，也影响到他们的未来；对于成年人来说，更是影响到工作绩效和成就。

　　网上有很多父母发出的关于孩子拖拉的求助信，其中有封信让我印象深刻：

老师：

　　我和我老公都是急性子，但上天就像跟我们作对似的，我们的儿子是个慢性子，不，他不光是性子慢，他是拖延加慢。

　　每天晚上做作业都做到十二点，我原来想上中学后作业量大，孩子们都睡得晚，结果前几天在家长群里聊天，才发现别人家孩子都是十点半左右就可以睡觉，有些孩子还在上培训班。同样的作业量，时间怎么差这么多呢？我这性子就急起来了，吃完饭就赶快督促他写作业，结果我洗完碗进来，人家的书和本子都没铺好，我忍了！我再次提醒他，今天作业不多，抓紧时间，必须在十一点前睡觉。他不紧不慢地哦了一声，总算把东西备齐开始了。我看了一眼走了出去，半小时后我再进来看他，他还一个字都没写，呆呆地看着书，也不知道在想什么。我真是要抓狂了，吼了他一句，他瞪了我一眼，总算开始写了起来。

　　这样的事在我们家是家常便饭，所以孩子不时被我吼或者被爸爸骂，我也觉得这种教育方式不对，但他这拖拖拉拉的样子真是让人受不了，有没有什么办法可以纠正呢？

在给孩子戴上"拖拉"这顶帽子的时候，我们有必要了解一下，什么样的情况是拖拉？导致拖拉的因素有哪些？

对于中学生而言，如果孩子长期存在以下几方面的问题，可以确认是拖延症：

1. 别人半小时做完的作业，他要花两个小时做完；

2. 注意力不集中，经常发呆，做事磨蹭；

3. 态度不端正，字迹潦草，不愿意写作业或故意不做、少做；

4. 书写粗心，经常出现基础性错误，比如漏字、添字、改字、计算出错，作业错误率高。

我们的宗旨是，要解决问题，首先一定要找出问题的源头。究竟是什么原因，导致孩子身上出现这些拖延症状呢？

一、对作业不感兴趣

一个人如果对所要做的事情不感兴趣而又不得不完成，就很容易产生抵触心理，带有抵触心理的人在执行任务时能拖则拖，寄希望于任务在最后能自动消失或变少。很多父母肯定都发现过，孩子往往等到最后一两天才赶着写假期作业。对于大多数孩子而言，每天的作业都是负担，他们是不得已才去做的，这是一种被动又无奈的行为，所以拖延一下也不足为奇。

二、自制力弱，容易受到外界影响

随着网络的普及和发展，手机为我们带来便利的同时，也在不断消耗我们的生命，成为工作和学习的一大干扰因素。枯燥的作业永远没有小视频有趣，乏味的学习也不可能有游戏好玩，所以，父母会发现，孩子时不时要用一下手机。

"那道题不会，我要查一下！"

"老师在群里发作业了没，我要核对下有没有记错……"

"我要找个资料。"

……

总之一句话：我要用手机。然后，半小时过去了，孩子却还没开始用手机做正事。

中学生的自制力还很弱，手机很容易就成为他们的时间黑洞，结果自然导致他们的作业停滞不前。

还有一部分干扰来自父母和周围的环境。比如很多父母，不时要拿点水果、牛奶进去，也借此看一下孩子的作业进度，但这种不时看看，很容易造成孩子思维中断，进而导致学习效率下降。在一些嘈杂的环境下，孩子也很容易被影响。我有一次就碰到小区一对父母冲到楼下和跳广场舞的人争论，说他们的音乐声太大，严重影响了孩子做作业。

三、执行目标不明确

有些孩子对于作业没有清晰的认识，不知道该做哪些，等找到了明确的作业单，又没有时间计划表，写到哪算哪，严重耽误时间。好比在生活中，不知道要怎么洗衣服，起床时间不确定，时间一久，就会变得懒散消极、无法专心等。

我们都很清楚，拖延症会耽误孩子的学业，也影响到孩子的未来，所以，父母要积极面对这一问题，及时引导纠正，帮助孩子养成良好的习惯。

父母可从以下四个方面着手进行：

一、帮助孩子学会梳理，制订计划

孩子拖延的一大原因是，没有明确的方向和计划，针对这个问题，父母可以帮助孩子，将需要做的事情进行梳理、分解，然后制订可行的时间计划表，这样孩子就会建立起规则和标准，对自己的行为进行反省，慢慢向目标靠拢。比如，针对每天的作业，父母首先要帮助孩子梳理今天有哪几门课的作业，每门需要多长时间，然后做出一个具体的时间线，比如，语文在 6:30—7:00，数学在 7:00—7:40，物理在 7:40—8:20，依此类推，越细致越好，最后督促孩子按时间线进行。需要提醒大家的是，拖延不是三两天就可以改变的，需要坚持，中间也会有反复，父母千万不能过于着急。

二、减少干扰因素

法国著名作家维克多·雨果在写作时会脱掉衣服，并让管家代为保管，这样他就无法外出，只能集中精力在写作上。这一方式同样可以应用到学习中，如果孩子在做作业时面临的干扰来自手机，那就想办法杜绝他在这期间使用手机。可以在作业开始前，将需要使用手机的部分做出标注，先行完成，或者在做作业的过程中将需要使用手机查询的地方做出标记，等其他作业结束后再集中解决，这样可以避免孩子在做作业期间频繁使用手机，分心，造成拖延。因为孩子自控力弱，所以父母一定要坚持监督，不要一时心软或者心存侥幸，这可以帮助孩子更加专注于作业。

三、少责备，多鼓励

鼓励是一种激发、勉励的行为，父母对孩子的鼓励可以让孩子振作精神，对于改变孩子做事拖拉的现象也有很大的帮助。反之，责备与打骂则会打击孩子的积极性，甚至让孩子开始质疑自己。在孩子做事拖拉的时候，父母最理智的选择是，鼓励他再努力一下试试，每次多节约几分钟，时间久了，进步就会很显著。有的父母在孩子完成了学校的作业后，又附加一些额外的试卷，这会让孩子产生反感的心理，孩子不情不愿，必然会磨磨蹭蹭。所以，父母要把孩子节省出来的时间还给孩子，让孩子获得良性的收益，这有助于他的坚持。

四、教会孩子必要的生活技能

生活中，中学生经常因为做事不熟练，没有掌握操作技巧而导致磨蹭和拖拉，对此，父母要教会孩子一些必备的生活技能，比如洗菜、煮饭、收拾房间，怎么样可以做得更快更好，并让孩子多加实践，帮助他们尽快掌握方法，提高效率，不做生活中的拖拉者。这种习惯一旦养成，对学业也会有间接的促进作用。

在执行的过程中，父母会经常遇到孩子叛逆，不愿意听从父母建议的情况，这样即便方法非常有效，可是无法落实，效果自然也等于零。针对这种情况，就让孩子承担相应的后果，并接受适度惩罚。比如说好周末孩子整理好房间后才可以看电视，孩子没有做，父母就一定要坚持执行规则。有些父母狠不下心执行规则，尤其看到孩子因违规而必须接受责罚时，心软的妈妈就会让步，但这种让步的结果是，父母有一天终于忍无可忍而大发雷霆、唠叨飙骂，激起青春期孩子的更大反抗，反而害了孩子。适当的处罚有助于孩子快速"醒悟"。

青春期的孩子有很多问题，但他们最需要的是认同和鼓励，所以，父母在帮助孩子改正拖延的习惯时，一定要多尊重孩子的感受，帮助孩子学习管理时间，找回自信。

《戒了吧！拖延症》一书里说，向拖延宣战，彻底告别拖延的恐惧和焦虑，终结拖延症，你就能成功超越93%的人。

只要方法正确，父母坚持执行规则，就一定可以帮助孩子摆脱拖延，成为一个有担当、有责任心的人。

6 孩子花钱大手大脚如何管

和朋友逛街，两个看上去是高中生的女孩走在我们前面，手里提着大包小包，兴奋地交谈着。一个女孩说："你爸爸真爽快，居然让你随便买，真羡慕你！"另一个女孩说："我爸爸说了，只要我心情好，尽管买买买，他赚钱就是给我花的嘛！一会我请你吃自助烤肉，感谢你今天陪我逛街。"

这让我想起前几天收到的一封信：

老师：

你好，我最近遇到一件特别苦闷的事，想请教请教。

我儿子今年15岁了，他学习成绩很好，全家人都引以为荣的那种，但他也有些不良习惯，让我非常担心，尤其是上初三以来，花钱大手大脚。上周给他200元，他这周又要钱，我问他钱花在哪里了，他自己支支吾吾也说不清楚。

说起来，也不能怪孩子。

孩子爸爸是独生子，爷爷奶奶经济条件不错，所以，从小对我儿子特别爱护，吃穿玩都是随着孩子的心意。爷爷奶奶一直说，爸爸那时候没享受到的福，要让孙子现在享受到。我也知道这种思想会害了孩子，跟老人也谈过几次，可是老人背着我，依然会给孩子买很贵重的东西，给他很多零花钱。有时候我看儿子学习成绩一直很好，也没有因为爷爷奶奶娇惯就不好学，所以就睁只眼闭只眼，但最近爷爷住院，家里经济压力突然变大，孩子花钱还是大手大脚，一点都不收敛，让我觉得问题越来越严重了。

这些天我在想，孩子的零花钱一直没有数，爷爷奶奶给他，我们也给，儿子对钱也没什么概念，所以花钱也没节制，也从来没有珍惜过，这样下去，会不会误导他的价值观？我想早点改正他这种毛病，也想培养一下他的理财能力，请问，怎么做比较合适呢？

美国著名作家爱默生说过："节约是你一生中食之不完的美筵。"但在很多青春期孩子眼里，节约反倒像是一种缺点，显得人不大气，抠门。

随着经济社会的发展和人们生活水平的提高，父母给孩子提供的零花钱也在水涨船高，很多父母仍然认为，穷什么也不能穷孩子，孩子要富养等，所以，尽可能地满足孩子的要求，导致孩子没有建立起对劳动和金钱的关系的认知。到了青春期，孩子的自制力和计划性弱，对钱也没有概念，发现花钱能让他得到满足后，他就会变得越来越大手大脚。谁都知道，花钱一旦过了度，轻则影响生活，重则可能危害到性命。

近几年，陷入网贷陷阱，被人追债甚至以身抵债的大学生越来越多，究其原因，就是不良的消费习惯和膨胀的虚荣心作祟。

所以，如果青春期的孩子花钱大手大脚，过于铺张浪费，父母一定要提高警惕，及早纠正，培养孩子正确的消费观。从这点出发，我们有必要先分析分析，造成孩子花钱大手大脚的主要原因。

一、"富养"原则，零花钱管够

很多父母秉持所谓的"富养"原则，在经济条件好转后，首先满足孩子，在生活上给孩子最好的物质条件，有些父母甚至还鼓励孩子多花钱，从花钱中得到快乐。孩子又不是傻瓜，既然花钱这么爽，又管够，花起来当然毫不心软了！其实，真正的富养在精神层面，是指对孩子精神世界的满足。

二、缺少引导，金钱观错误

大多数孩子的生活环境很单纯，父母包办了他们的吃穿住行用，他们的零花钱基本上都是凭自己的喜好开销。父母不引导孩子去衡量事情的价值和必要性，孩子就不会形成正确的金钱观和价值观，花钱自然也是随心所欲。

三、攀比心理，虚荣心膨胀

青春期的孩子已经有了自己的小圈子，和同学朋友在一起会有攀比心理，比如朋友穿了双名牌鞋，自己也想要。这种物质攀比心理就是虚荣心，随着虚荣心的膨胀，他们会去买一些不是实际需要的东西，产生高消费。

四、交际需要，金钱换友谊

青春期孩子喜欢用礼物或零食来帮自己交朋友，在他们的认知里，朋友之间要舍得，才显得友谊珍贵，所以他们一味用金钱来维护友谊。这种变相的友谊往往让他们花钱大手大脚。

五、兴趣广泛，为爱好埋单

每个父母都希望孩子兴趣广泛，有活力，健康无害又不耗费大量金钱的爱好父母应该支持。但随着娱乐业的兴起，有些孩子追星买周边，给网红打赏，充值玩游戏，这种对孩子无益花费又多的爱好，父母应该要适当控制。

花钱大手大脚是日积月累的不良习惯，改变也不会在朝夕之间，所以父母不光需要恒心，还要付出努力，运用一些技巧，才能让孩子养成勤俭节约的好习惯。

一、控制零花钱

给孩子零花钱，需要按照具体情况制定一个标准，引导孩子按照零花钱的数额量入为出，合理支配，孩子若是急用，可酌情提前支取一些零花钱，但要给出合情合理的解释。父母控制零花钱数额，并不是小气的做法，而是为了培养孩子良好的消费习惯，让孩子懂得节约。

二、培养储蓄好习惯

美国有一本畅销书《钱不是长在树上的》，这本书谈到储蓄原则时指出：孩子们可以把自己的零花钱放在三个罐子里，第一个罐子里的钱用于日常开销，购买在超市和商店里看到的"必需品"；第二个罐子里的钱用于短期储蓄，为购买较贵重的物品积攒资金；第三个罐子里的钱则长期存在银行里。鼓励孩子存钱，可以有效防止孩子乱花钱，尤其当孩子拥有自己的银行卡时，他们会感觉到自己已经长大，需要储存一些钱用于重要开支了。慢慢地，你会发现，孩子变得越来越"抠门"！

三、培养记账好习惯

要让孩子养成节约的习惯，首先要帮孩子梳理钱都花在了哪里。有些孩子花钱向来很随性，没有规划，花完就完了。父母教会孩子记账，让他们清晰地知道自己的钱都花在了哪里，孩子就会有个谱，花钱的时候也会在心里盘算下值不值得，从而避免买一堆无用的东西。

四、让孩子体验当家做主

青春期的孩子，已经有足够的计算和总结能力，适当的时候可以把一些家庭开支交给孩子，让孩子学着分配，这样一方面能够让孩子体验到当家做主的成就感，另一方面，也锻炼了孩子分配金钱的能力，有助于他们建立合理的消费观念，避免过度浪费。

五、提供赚钱机会

如果青春期的孩子还不能明确知道父母赚钱很辛苦，那他们的消费观念永远不可能合理。所以，如果孩子的零花钱不够用，或者需要一些其他费用，父母可以提供一些劳动赚钱的机会，让孩子体验到，只有付出才有收获，赚钱永远比花钱难，从而养成节约的习惯。

但要注意，给孩子提供赚钱机会的原则是：孩子做自己的事务以及必要的家务，这是不能付费的；做额外的家庭事务，父母才可以适当付费，并表示感谢。周末参加卖报等活动，既能有一定的收入，也能锻炼孩子的实践能力，最值得提倡。

除此之外，父母也可以督促孩子，在吃穿用行上都注意节约，比如合理使用文具，爱护物品，低碳出行，等等。

美国儿童专家费尔德曼说："务必教育孩子懂得如何挣钱和如何花钱，这样他们就会获得一生事业有成所需具备的自立能力。"

引导孩子节约用钱，不仅可以锻炼孩子对于金钱的掌控能力，也可以培养孩子良好的消费习惯和理财能力，让孩子终身受益。

7 如何和犯错后容易逃避的孩子沟通

过去一年多的时间里，我在整理青春期孩子问题的时候，发现多数的孩子是平凡又脆弱的，而同样，几乎所有的父母都是焦虑不安的，孩子出现的问题总是让他们充满担忧，小到一次顶嘴，大到离家出走。可以说，青春期无小事，每种问题的背后，都藏着孩子的心结。所以，细心的父母可以在发现孩子问题的第一时间，去考虑怎么样和孩子沟通；而反之，那些粗心的父母，往往不以为然，等到小问题变成大问题，才追悔莫及。

比如，孩子犯错后不肯承认错误，怎么办？很多家庭对这件事都是含糊处理，一带而过，觉得孩子只是脾气有点倔，长大了自然会明白，不用太在意。事实上，如果没有正确、及时地引导，让孩子养成侥幸逃避的心理，必将影响到孩子的未来，甚至铸成大错。

2018 年，有个震惊全国的 12 岁少年弑母案，孩子因为不满妈妈管教，心生怨恨，持刀将妈妈杀死。当他的叔叔问他："你把你妈妈杀了，你认为错了没有？"孩子回答："错了……但我又没杀别人，我杀的是我妈妈。"

据说，孩子从小由爷爷奶奶抚养，一向被娇惯溺爱，从而染上一些不良习惯，最终酿成杀母悲剧。

孩子认错时那句"但我又没杀别人,我杀的是我妈妈",一度在各种文章里出现,引起社会的极大反响。

不难看出,孩子根本就不知道自己错在哪里,这也是我们很多父母和孩子间矛盾最大的地方:很多时候,父母觉得孩子错了,使用各种方法让孩子认了错,可孩子仍然觉得,自己根本没错。孩子到了青春期后,父母再强制孩子认错,孩子就变成了父母口中"死鸭子嘴硬""脾气犟"的样子。其实,孩子不肯认错的真实原因,父母真的了解吗?

我在网上看到过一个妈妈说:

> 孩子14岁,越来越自我了!做错事从来都不肯低头,即便证据确凿,他也找各种借口推卸责任。
>
> 比如在规定不能看电视的时候偷看电视,你问他,他死活不承认,明明电视机还是热的;还经常把书撕坏丢掉,你问他他也说不知道⋯⋯
>
> 反正都是生活中的一些小事,但我总觉得这样做错事不肯面对,是种非常没有责任心的行为,所以也想尽办法,给他讲道理,可说了不下百遍,他还是经常这样,真是让人无奈又头疼⋯⋯

其实不认错的孩子,并不都是坏孩子。父母要帮孩子改掉一些不良习惯,首先必须要清楚地了解内在的原因,然后才能对症下药。

究竟是什么原因,让孩子犯了错不认错,一味逃避呢?

首要原因是家庭教育方式不当。

一般来说,高压管教下的孩子,会因为害怕受惩罚而不敢认错,他们由此产生的认知是，一旦承认错误，就注定会迎来狂风暴雨、指责批评。进入青春期后，他们会对父母产生严重的抵抗情绪，叛逆且激烈，甚至做出过激行为。这种孩子犯错时，不会自省错误，反而将此当作和父母对抗的筹码。所以，父母对孩子的惩罚和控制应该要适度，否则会适得其反。

其次，因为父母的错误示范。

我们中国父母特别讲究权威，觉得要在孩子心中树立威信，所以，就算自己做错了什么，也会给自己找很多理由，不在孩子面前示弱。有则微博说：大多数的父母都不会对孩子说"我错了"，他们似乎永远没有错，因为他们上一辈父母也没有跟他们认过错，错的永远是孩子。父母作为孩子的第一任老师，孩子的所有行为都是从模仿父母开始的，如果父母错怪了孩子后不认错，孩子觉得委屈的同时，也会习惯性地模仿，从而在犯错后为自己狡辩或逃避。

最后，因为青春期孩子到了要面子的时候。

青春期的孩子，自尊心很强，对于错误，父母越强调，他们越逃避，并且还会认为是父母在刁难自己，心生厌烦。对待这种特别爱面子的孩子，对其犯的错误父母一定要私下与之沟通，千万不要像古人一样"人前教子，人后相夫"。当着众人的面教训孩子，数落孩子，会让孩子觉得特别没面子，严重伤害他们的自尊心，所以他们才会犯倔，不想认错。

对于这些犯错后不肯认错的孩子，怎么引导才正确呢？建议父母们从四个方面着手：

一、营造开明的家庭氛围

孩子犯错是稀松平常的事，没有哪个人在成长中不犯错，父母对此应该多加包容，如果动不动就处罚孩子，会造成孩子心理上的负担，久而久之，孩子就会选择一味逃避，而不反思错误，吸取经验教训。孩子犯错往往是成长的关键时机，这时候父母合理地引导，将事半功倍，能让孩子在认识自己错误的情况下，理清问题，剖析原因，培养对是非对错的判断能力；同时，也能鼓励孩子勇于承认错误，改正错误行为。

二、能够以身作则

父母对孩子犯错之后，放低身段，真诚地给孩子道歉，这不但不伤父母的颜面，反而会让孩子知道，每个人都会犯错，认错也没有什么难的。在面对倔强的青春期孩子时，父母难免会失控，吼骂或指责，这种情绪会误伤孩子，让孩子委屈、愤怒。大多数父母都有过这种失控的经历，有些父母在事后追悔莫及，但对于已经发生的事，后悔没有用，最有效的方式是及时止损。父母真诚地向孩子认错，道歉，承认是自己情绪失控，并讲明原因，这样孩子也能设身处地地替父母着想。那些无法放下脸面给孩子道歉的父母，他们的孩子在面对错误时，往往也无法低头认错。

三、保护孩子的自尊心

父母要纠正孩子的错误行为，一定要顾及孩子的面子，要知道，青春期孩子的自尊心很强，如果当面被批评，他们会感觉很"丢人"，从而和父母起争执，拒不认错。所以，在批评孩子的错误行为时，父母要注意场合和方式，尽可能不要让孩子觉得难堪，要给孩子台阶下，孩子才更容易接受批评，认识到自己的错误。

父母应谨记，即使再生气，也不能使用"坏""蠢笨""不孝""没出息""像猪一样"等贬损性词语，这种语言暴力会打击到孩子的自尊心和自信心，令孩子对自己、对家人渐渐失去信任，自暴自弃。

曾看到一个国外视频，视频里儿子在父母开的一家超市帮助收银，没人时拿着手机在玩，父亲指责儿子"怎么不去死"，顺便给了儿子一把上膛的枪，结果儿子拿起枪，对着自己的脑袋开了一枪，当即倒地身亡，父母反应过来后号啕大哭，可此时说什么都迟了。

四、教孩子学会认错

当父母发现孩子的错误行为时，不能只看到孩子的言行表现，还应帮助孩子分析背后的原因，让孩子认识到"错"在哪里，为什么"错"了。有些孩子做错事后，只是在口头上表示道歉，但并未认识到自己"错"在哪里，所以下次这种错误仍会发生。父母要慢慢引导孩子说出行为动机，让他知道错不代表不好，只是该言行举止不被允许，或者是不恰当的。比如，很多青春期的孩子喜欢说脏话，而且是脱口而出，父母要告诉他，这种行为虽然没有伤害到别人，但会让我们的生活环境变得不文明，他可以用更文明的话语来代替。

知错能改，善莫大焉。勇于认错并善于改错是人格成熟的标志。当我们读懂了孩子内心的"倔强"，我们要合理引导孩子承认错误，让孩子学会关心、理解、尊重和担当，让孩子为自己的行为负责，在生活和学习中能够不断修正自己的不足，从而收获更多成长！

8 孩子撒谎怎么办

很多父母都发现，孩子到了青春期，变得爱撒谎了！而且看上去脸不红心不跳的，让人区分不了是真是假。待到证实孩子撒了谎时，父母心里拔凉拔凉的，很多父母冲动之下，甚至不惜使用暴力去让孩子记住教训，改正这种行为。其实，怪只怪你不懂孩子，这个世界上，哪里没有谎言呢？孩子是人，自然也有说谎的理由啊！

前几天我在博客上看到这样一个倾诉故事：

我儿子14岁了，成绩虽然算不上很优秀，但稳定在班级中上游，性格也非常阳光。因为我工作忙，他放学回家会主动买菜，也会主动帮我和爸爸做饭、收拾家务，说实话，看多了那些衣来伸手饭来张口的孩子，再看我儿子，感觉特别欣慰，也有一些自豪。但最近连续发生了几件事，让我特别恼火。一次是我问考试情况，他说挺好的，平均分94分，应该在15名左右，老师没有具体说。但不久后，班主任就找我谈话，说他成绩下降了一些，让我注意督促，我细问之下才知道，他的平均分只有八十多分。真没想到他竟然会撒谎！我担心揭穿他会伤他自尊，所以装作不知道，想着他可能只是怕我责怪。可不久后，他又撒了一次谎，这次是他和同学逃课，他说是同学生病了，他陪着去医院，后来我才知道，他和同学两个人去网吧打了一下午网络游戏。我不能再装下去了，他才14岁，就动不动说谎，我真不敢想象以后他会不会谎话连篇。我找了机会问他，他也承认错误了，但态度很不以为然，爸爸为此也很生气，严厉地罚他写了检讨，多做了几套卷子。但后来，我发现他仍然会撒谎，甚至还偷拿我的钱，现在他说话时，我总是会不由自主地猜疑，他是不是又骗我？真不知道，他为什么会突然撒谎呢……

要知道孩子为什么会说谎，先看看心理学家们的分析。人类有四种最常见的谎言：保护他人感受的谎言、保护自己的谎言、对自己的谎言以及伤害他人的谎言。

在孩子的谎言中，最常见的就是保护自己的谎言这一类。有个孩子就跟我说过："我也不想骗父母，但我说成绩好时，他们就会表现得特别开心，说成绩不好时，他们的态度马上就变得很差。妈妈说，我要诚实，可当我诚实地承认错误时，她却非常生气，不停地指责，还有爸爸，有时还使用暴力。"

自我保护是人的本能，对于青春期的孩子而言，在心智趋于完善时，这种技能的运用更是信手拈来。想想看，如果说谎能让人得到便利和荣誉，很多人自然就会选择撒谎。所以，孩子也不例外，这种本能是无师自通的。何况，有些父母还会当着孩子的面说谎，这更让孩子认为，撒谎只要不伤害别人，也没什么大不了。

相对来说，青春期的孩子会更频繁地撒谎，主要出于五个原因：

一、刷存在感

到了青春期，孩子们的攀比心和好奇心都会越来越重，他们在同学、朋友面前相互攀比，有些孩子就会通过谎言赢得大家的赞许和关注，让自己变得很有存在感。这种刷存在感的方式，使用起来毫不费吹灰之力，而且同学朋友一般也不会去求证真假。比如，说我在培训班获得了第一名，说爸爸去美国出差给我带了一双限量版球鞋，等等，当大家发出啧啧的赞叹声时，孩子的心理得到了极大的满足。孩子都喜欢这种被羡慕和关注的感觉，时间久了，自然也会爱上这种谎言带来的结果，变得爱撒谎。

二、逃避现实

这一类型的孩子撒谎，大多是出于自我保护的需要，比如成绩不理想，或者做错了事，之前又受过一些惩戒，为了逃避和自我保护，所以对父母撒谎。青春期爱说谎的孩子中，这一类型的占了绝大多数。一般来说，经历过的责骂或指责越多，孩子的自我保护意识就越强，所以撒谎的次数也越多，这几乎就是个恶性循环。

三、性格因素

有些个性软弱的孩子，遇到棘手的问题时，很容易退缩，从而选择用谎言来掩饰自己。这种撒谎往往由于一时冲动，更像是条件反射，如果仔细推敲，就会发现谎言的内容漏洞百出，很容易被别人看穿。比如有些女孩收到情书后被父母问起来，下意识都会否定。

四、表示反抗

在亲子关系比较紧张的家庭中，青春期孩子撒谎更多是出于对父母的反抗。这一类型的孩子不喜欢被父母束缚，他们撒谎时，往往表现得很不耐烦，而且父母稍一推断，就可以看出是撒谎。比如被要求参加一些聚会时，孩子会以肚子痛、作业多等为由来拒绝父母；妈妈要他吃水果时，他会随口说吃过了……

五、模仿他人

父母是孩子的镜子，有些父母出于客套等，时常在孩子面前说谎，从而让孩子产生错觉：原来说谎只是生活中很常见的一种表现方式。还有身边的同学炫耀自己，朋友吹嘘自己等，都会让孩子产生模仿的欲望。

有些父母一旦发现孩子说谎，就会上纲上线，觉得孩子的品性变坏了，其实，出于自我保护和保护他人的需要说一些谎言，都不用过于苛求。动不动就惩罚孩子，只会让孩子更害怕，更爱撒谎。纠正孩子的撒谎行为当然是必需的，但最重要的是，父母要有意识地创造孩子讲真话的环境。

首先，父母要以身作则，言行一致。如果父母总是说话不算话，不能兑现对孩子的承诺，孩子自然也不会坦诚相待。父母如果注意自己的一言一行、一举一动，诚实坦然，孩子自然会以此为榜样，降低撒谎的可能性。

其次，父母要尊重孩子的成长规律。谁都会犯错，父母在对待孩子的错误时，一定要冷静客观，不要总是加进去很多主观意识。青春期的孩子已经懂得了很多道理，只有父母平心静气地对待孩子的不足和错误，孩子自己才会理性分析问题，改正错误，良性成长。

再次，父母要多启发引导。父母从小注重培养孩子的品性，自然也会给孩子灌输很多是非观念，比如"毋以善小而不为，毋以恶小而为之"等等，这样可以有效引导孩子辨别是非。同时让孩子进行一些品格的锻炼，培养出较强的意志力，孩子在生活中就可以不为外物所动，避免撒谎。

最后，父母要多点观察，多点信任。青春期的孩子心理起伏很大，父母要经常和孩子一起交流沟通，了解孩子心里的想法，对自己孩子的品性有足够的了解，这样在遇到事情时，才能揣测出孩子的行为和内在心理，也才能更加信任自己的孩子。即使孩子说谎，父母也能冷静地分析原因，对症下药。

虽然防患于未然很重要，但孩子不是我们的产品，他们有自己的思想和个性，撒谎只是成长中的一个经历而已。在得知孩子撒谎后，父母第一时间的处理方式起着决定性的作用。如果父母是平常心，将它当作闹情绪一样的普通事件，温和对待，孩子会明显减少说谎的次数，以至于诚实待人；如果父母过分警觉，认为这是一件道德败坏的事，为此批评甚至处罚孩子，孩子只会觉得，他们说谎被发现了，在下次撒谎时要更加小心一些。

在此，有几点建议，分享给父母们。

确认孩子说谎后的第一件事是，保持冷静，了解事情的真相及孩子的初衷。找到问题的根源，才能设身处地地理解孩子，才能避免事态严重化。第二件事是，处理问题要有分寸，如果孩子主动承认了错误，要表扬孩子坦白真相的勇气，给孩子更多的机会和选择，同时也要对谎言进行定性，不要模糊处理，要告诉孩子，说谎是一个不良的习惯，除非面对有不良企图的坏人，否则不要轻易说谎。另外，父母要设立明确的规则和界限，明确不是所有的谎言都能大事化小，小事化了，一旦孩子用谎言来伤害他人，比如编造不实传言，对别的孩子造成心理伤害等，父母一定要严肃对待，带着孩子去给受到欺骗和伤害的对象道歉，也可以给出相应的惩罚，比如减少零花钱等，让孩子引以为戒，承担相应的责任。第三件事是，一如既往地爱孩子。无论孩子犯了多少错，父母仍然可以包容他，爱护他，这是对孩子最有力的支持。成长就是一个试错的过程，孩子的成长更是大小错误的叠加，如果父母创造出允许孩子犯错的家庭环境，那么孩子就会将精力放在改正错误上，积极乐观地成长；如果父母对待孩子的错误过于紧张、焦虑乃至情绪失控，孩子反倒会把精力放在隐瞒、掩饰错误上，从而延缓甚至阻碍了成长。

想要让孩子成为一个坦率正直的人，需要的不仅仅是时间、坚持和耐心，还有爱心以及一些处理事情的方法。

9　孩子没有感恩之心怎么办

父母倾其一生都在为孩子尽心费力，他们省吃俭用，是为了能给孩子提供更好的物质条件；他们辛苦奔波，是为了给孩子温暖的守护。这种付出，是无怨无悔的，他们唯一的渴望是，孩子能够认同他们，能够怀有感恩之心：感谢父母给了他们生命，感谢父母把他们带到这个世界上来并不辞辛劳地把他们抚养成人。这几乎是所有父母的希望，但令人遗憾的是，有些父母不但没有等到孩子的感恩，反而还因为孩子，坠入深渊。

几年前在机场弑母的留学生汪××，他留学日本五年，从未打过工，学费和生活费都靠母亲每月7000元人民币的收入来承担。他每年的开支大约有30万—40万元人民币，母亲四处举债，最后实在拿不出钱了，母子因此在机场发生争执，他冲动之下拿出一把刀，连捅了母亲9刀。24岁的青年本应自立，靠自己打工解决（或部分解决）留学费用，但他心安理得地享受着母亲含辛茹苦提供的温室生活，当母亲拿不出钱来时，他甚至不念亲恩，将满腔怨恨化作凶狠的9刀。

不懂感恩的孩子有时比狼更可怕！

我在学校周围经常发现，父母帮孩子背着书包，下雨的时候，如果只有一把伞，肯定都是打在孩子头顶；很多中学生都有自己的手机、电脑……孩子们的生活被照顾得无微不至，物质被过分满足，孩子自然而然地认为，今天父母应该为他背书包、买手机，明天父母就应该为他找工作、买车子、买房子，一旦父母无法满足他，他就会心生怨恨。

这样，一个白眼狼就诞生了！

比起学习，教导孩子学会负责、懂得感恩显然更重要。

父母一旦发现孩子将自己的付出当成理所当然的事，就要警惕了。为什么孩子会不懂感恩？先分析原因，再有的放矢。

一般来说，孩子不懂感恩的原因有以下五点：

一、青春期的思想觉悟不够高

青春期的孩子正处于叛逆期，思想觉悟不会很高，同时，心态比较浮躁，对于父母和社会，更容易产生一种排斥或埋怨的心理，所以，他们根本不想去亲近别人，不愿意去感恩！

二、父母的榜样失当

父母如果没有以身作则，孩子自然不会懂得感恩。"百行孝为先"，如果父母在孩子面前做到孝敬父母，尊重长辈，孩子自然也会受到熏陶感染，自然而然继承家风，拥有有礼貌、懂感恩的好品质。所以，当孩子不懂感恩时，父母要先反省一下自己的行为和思想，是不是给孩子做了坏的榜样。

有一则特别感人的广告：辛苦一天的妈妈给奶奶打来一盆水，帮奶奶把脚洗好，接着自己疲惫地上了床，这时候，儿子端来一盆水，将妈妈的脚放进盆子里，帮妈妈揉洗了起来。

这种孝，就是榜样的力量。

三、父母过多包办

父母如果"以孩子为中心"，将孩子所有的事务包办，孩子就没有机会体验生活的艰辛，自然而然，就会认为父母的付出理所当然。想想看，谁会对你做的分内之事表示感谢呢？

四、缺少感恩教育

谁也无法否认，父母、老师和社会，对于孩子的评价都首先来自学习成绩，当大家都奉行成绩至上时，感恩教育就变得微乎其微。传统美德教育越来越弱化，导致学生缺乏感恩之心，也很难形成服务于社会公共事业的品质。

五、家庭不和谐

想让孩子愿意表达他们的爱，首先要让孩子感受到爱。如果家庭生活不和谐，父母三天两头吵架，孩子的心里就会充满恐惧和厌烦，在这种情况下，孩子只会想着尽快摆脱，而不会想着去感恩。

前几年，有个人尽皆知的新闻。柴先生的女儿成绩优异，一直以来都是爸爸的心头宝。但因为夫妻关系不和，柴先生选择了离婚，为此他觉得亏欠了女儿，对女儿的要求总是百依百顺，在物质上尽可能地满足她。后来女儿获得了去加拿大留学的机会。柴先生很高兴，以女儿的名义办了一张银行卡，并告诉女儿："我往这张卡里存了320万元，以后每个月都会给你转钱。"女儿去了加拿大后，柴先生就发现家里的银行卡不见了。积蓄被洗劫一空的柴先生，在微信上苦苦哀求女儿："如果你不把钱退回来我只有死，你花的钱是带血的钱，是老爸拿命换来的。"

女儿不理，直接拉黑了父亲，然后拿着钱在加拿大享受高档餐厅，在朋友圈里炫耀名牌包包。这个被惯坏的孩子，喝着父亲的血，却心安理得地享受高级的生活。

孩子不懂感恩，不但对父母是种危害，对社会也是。

新东方教育集团创始人俞敏洪曾说："大把花着父母的钱，只懂自己的快乐，不懂父母的辛酸，不舍得为亲情付出一分一毫，那么你已经全无良知了。"对于父母都毫无感情的人，对于社会和其他人，又谈何情谊？

孩子不懂感恩，就不会顾及父母多年的养育之恩，只要父母的做法稍不顺心，他们就会咆哮甚至打骂父母，成人后也会因钱财的纠纷而抛弃父母，让父母含恨而终。

孩子不懂感恩，就会变得自私和冷漠，在学校里，其他孩子也会对他们敬而远之，导致他们缺少友谊，孤独自闭。

孩子不懂感恩，等他们长大成人，走上社会，也会处处碰壁，事业和人际交往都受到严重影响。

爱孩子，就要培养孩子的感恩之心，让他们明白生活的艰辛和不易，懂得将爱和温暖回馈给他人与社会。要让孩子品尝饥饿，了解食物的价值；要让孩子感受寒冷，知道温暖的可贵；要让孩子经历挫败，知道成功的艰难。

父母对孩子过分溺爱，就会剥夺他们体验负面经历的机会。所以，做父母的要谨记：如果你不想将孩子培养成"白眼狼"，千万不要替孩子代办太多事，不要助长孩子的受之无愧感，而应该教导孩子懂得感恩。

教导孩子感恩的方法有三种，都来源于生活中的点点滴滴，父母可以因材施教。

一、通过言传身教给予示范和引导

要让孩子有感恩之心，父母的言传身教是第一位的。所以，首先父母要孝敬长辈，为孩子做出榜样。其次，父母要让孩子有体验辛苦工作的机会，让孩子清楚地认识到，父母的钱来之不易。比如带孩子到工作的地方体验，或者挑选合适的机会带孩子做义工等，让孩子能够真实地体验到生活不易，要懂得珍惜。再次，父母还要敏锐地捕捉孩子的进步，比如主动向父母表示关爱等，并及时给予表扬和鼓励，让孩子感受到施恩的快乐。最后，也是最重要的一点，拒绝包办，适当示弱。孩子分内的事要让孩子自己去做，不要包办，更不要因为孩子学习忙，就解决他所有的后顾之忧，要让孩子明白，父母和他人给予的帮助是一种"恩惠"，不是理所当然的。

二、引导孩子对于他人的关爱积极反馈

青春期的孩子，到了节假日，彼此之间会互送礼物，或者过生日时，父母及长辈都会送一些礼物和红包，表示祝贺，对此，父母要引导孩子真诚感谢，并督促孩子妥善保管，学会珍惜别人的情意。同样，到了父母或老师的节日，也要引导孩子送一些代表心意的卡片等，表达美好的祝福。这种一点一滴的爱的表达和回馈，会让孩子感受到幸福是相互的。

三、鼓励孩子参加集体劳动和献爱心等活动

多参加社会活动，不但能锻炼孩子的社交能力和解决事务的能力，最重要的是，通过参加集体劳动和献爱心等活动，还能培养孩子对集体、家庭的责任感，进而在孩子心目中形成对社会、国家的责任感。让孩子懂得奉献，懂得关心别人，他才能学会感恩。鼓励、组织孩子参与献爱心活动，让孩子明白，那些他不在意也不珍惜的东西，其他孩子却未曾见过，从而改变孩子的冷漠，引发其慈悲心、惜福心、感恩心。

感恩是从小事上做起，父母们不妨先要求孩子：围桌吃饭时，请长辈夹第一筷子；看到父母忙碌时，主动上前搭把手；心里再不快活，也不能把气撒在最亲的人身上；逢年过节，挨个问候亲友，祝福节日快乐……这些基本的礼貌，将是孩子感恩的心的起点。

作家张德芬曾说："和孩子的交流不是一日建立起来的。平常我们要教导他们明辨是非，知道好歹。把孩子放在他们应该有的位置上，教导他们对长辈要尊重，对父母的付出要知道感恩，对自己该做的事情要有责任感。做家长的要花一些心思去教育孩子这些，而不是让孩子觉得你活该欠他们的。"

感恩的教育其实就是爱的教育，前提是让孩子感受到父母的"恩"和"爱"，让他们在温暖的环境里成长。

10 如何和爱攀比的孩子沟通

我有个朋友生意做得很大，几年时间，年收入达到五六百万元，经济条件非常优渥，于是，他把女儿送进了国际私立学校上初中，安排儿子在国际私立学校上小学，而且他已经为孩子都计划好了，孩子上完高中就出国留学，一切都非常美好。

昨天，他在微信里问我，女儿突然要买个古驰运动鞋，要一万多块钱，他觉得太贵了，不想买，怎么办。

以下是我们的对话：

"你没问孩子，为什么要买这么贵的鞋子吗?"

"问了，她说他们学校很多人都穿这个品牌，她一双都没有。她之前都穿阿迪达斯，大多是一千元左右的。"

"那你是拒绝她了吗?"

"是啊，我说太贵了，她特别生气，说我小气。虽说我们也买得起，但我觉得孩子的这种攀比心理要不得，要不然她明天还会跟我要其他奢侈品呢! 我跟她妈好不容易节省下来一点家产，都不够她挥霍的！你说，我这样处理对吗？"

"个人认为没有对错，青春期孩子想通过外表在学校获得认同感，是正常的心理。父母自然要按情况给予支持或拒绝，所以你拒绝也可以理解，但是要做好孩子的心理疏导。"

我给这个朋友分析了青春期孩子攀比的原因及处理方式，他才安心了一些。

攀比究竟是什么呢？

当我们经过一些"比较"产生的负面情绪导致自尊心的需求被过分夸大的时候，就会产生攀比心理，这是一种过了头的"比较"。许多青春期孩子，买东西喜欢跟风，实际上就是出于一种攀比心理——别人有的东西，我也要有；还有一些孩子，喜欢比谁家有钱，比谁的父母位高权重，等等。谁都知道，这是一种不良的价值观，比来比去，就会出现大量的负面情绪，他们感觉失落，开始抱怨、指责、嫌弃，甚至自我否定，表现在对待父母的态度上，可能会一味地索取。

青春期的孩子，对于外表和物质都比较在意，看到比自己漂亮或家里有钱的同学，看到去美国玩、欧洲游的同学，心里都会攀比。我们要正视的是，不光青春期的孩子爱攀比，三岁的小朋友也会攀比，比谁的玩具好，比谁的零食好吃，成人也喜欢攀比。人们因为所处的社会地位和物质条件存在着各种差别，心理上都会互相比较。攀比心作为一种客观存在，本身并无过错，问题在于攀比的出发点和内容是什么。良性的攀比可以让人进步，比如，攀比学习能力、事业心等；而消极的攀比就会产生负面情绪，比如攀比外表、金钱等，容易产生社会不公、父母不好的抱怨心理。

所以，当孩子出现攀比心理的时候，父母首先要分析孩子攀比的内容是什么，再给予分析和引导。一般来说，如果孩子比的是学习目标，就是积极的，值得鼓励；如果孩子比的是物质外表，就容易导致心理问题，父母要及时纠正。当然，要纠正，首先要了解这种攀比心理产生的原因是什么。

青少年爱攀比的原因有以下三点：

一、好胜心作祟

青春期孩子的自我意识越来越强，争强好胜是这个年龄段孩子普遍的心理，他们希望自己拥有更好的东西，从而受到关注，或者希望用自己所做的事情来证明自己的能力，获得成就感。好胜心没有对错，比如有些孩子喜欢比赛，喜欢通过胜利获得奖品与赞美，这种好胜心是良性的；但如果孩子一味比谁更漂亮，比谁的衣服是名牌，这种好胜心会导致孩子忽略内在品性和能力的成长。

二、家庭教育影响

孩子的问题基本上都是家庭的问题，如果父母喜欢攀比，爱面子，孩子自然也会效仿。我碰到不少这样的父母：看到别人的孩子骑一个新款的自行车，不甘落后，急忙给自己家孩子买一个；看到别人家孩子上培训班，他们也想都不想就去给孩子报名，却没有仔细考虑孩子的情况；还有父母看到别人家孩子成绩好，就盲目地鞭策孩子好好学习，而不考虑这些是否合理。除此之外，很多孩子从小被各种宠溺，父母无原则地给予孩子物质上的满足，让他们觉得一切都是理所当然的，别的孩子有的，自己就应该立刻拥有。这种行为会让孩子产生一种错误的观点：别人有的我也要有，父母给我买了我心里才能平衡，没有买，我就会被别人比下去。这种攀比心理随着年龄的增长，只会越来越严重。

三、孩子成长有缺失，导致内心缺乏力量

如果孩子总是达不到父母的要求，经常被批评指责，会很容易失去自信心，孩子内在越缺乏力量就越倾向于从外在寻求弥补和满足，用外在的东西来填补自己，以此证明自己是很好的。这些外在的东西，就是孩子攀比的内容。

面对孩子爱攀比的行为，家长应该怎么应对呢？

首先，比目标，不比物质。

青春期的孩子，很容易关注哪个同学买了什么品牌的衣服，哪个伙伴经常去吃什么之类的，因为这些很容易刺激到他们的攀比意识，若父母不能立即满足或者能力达不到，就会引发孩子的负面情绪。但如果父母及时发现，正确引导孩子往更为健康向上的、有助于成长的方向去比，孩子就能获益。比如，看谁字写得工整，看谁球打得厉害，看谁诗词读得多……这种目标，可以将孩子的关注点引导到正途。

孩子在学校忍不住和同学攀比，进入社会后，也会面临各种物欲的诱惑，想让孩子能够自信、有尊严地生活，勇于追求自己的人生目标，父母需要做好榜样，正确引导。只有父母懂得安享当下，不卑不亢，孩子才能健康成长。

其次，纵向比，不横向比。

我们所熟知的"别人家孩子"，一直是父母的心头宝，别人家孩子比

自家孩子聪明，别人家孩子比自家孩子懂事……这就是横向比。父母以为，放大自己孩子与别人家孩子的差距，可以刺激孩子更加奋发，却不料这种盲目的攀比，让孩子压力山大，越来越在意他人的看法，孩子有意地把自己和他人进行比较，反而没有心思专心做该做的事。

美国学者约瑟夫·坎伯说过："为了幸福，必须把'别人怎么看我'这个问题放在一边。"所以，正确的比较是，将孩子的现在和以前比，看到孩子的进步，鼓励孩子关注自己的成长。

再次，父母要多关注孩子的精神世界。

在物质条件得到保障后，父母应将钱财和精力集中在孩子的精神世界方面，丰富他们的见解，帮助他们培养兴趣爱好，陶冶情操，让孩子心胸开阔，自信乐观。

当孩子对于钱财多少有困惑时，父母要告诉孩子，每个人的特长都不一样，有些人的特长是赚钱，所以他们的物质条件很好，而父母的特长恰好在其他方面，对此不用过于介意。父母要教导孩子不去鄙视比自己穷的人，也不要嫉妒比自己有钱的人。

最后，父母要对孩子进行财商教育。

财商教育，其实是一种关于控制力和责任感的教育。每个人都有欲望，想要得到更好的东西，这是天性。青春期的孩子，对于钱财已经有了一些初步的认识，父母要先理解孩子这种攀比的心理，再陈述利弊，给孩子一些选择的机会。比如，我朋友家女儿要买奢侈品牌的鞋时，他可以给孩子提供选择：目前我们家正常鞋子的价格在 1000 元左右，如果你想买这双价格上万元的鞋，那超出的部分要从你的零花钱里扣除，之后你要忍受没有零花钱的日子，也要为此限制其他的消费，你自己来决定吧！这样就能让孩子明确花钱的界限，了解自己要为自己的攀比心理埋单，然后衡量此举的收获和付出是否平衡，从而自己想明白，哪些东西必须买，哪些东西可买可不买，哪些东西只是一时兴起想要而已。

此外，父母还应该学会在物质上与孩子划清界限，让孩子用自己能够驾驭的财富满足自己的物质追求，而父母的责任在于提供教育环境。这既给予了孩子足够的尊重，又能锻炼孩子的财商，避免孩子盲目攀比。

合理对待孩子的攀比心理，不妄加指责和批评，引导他们合理地使用金钱，培养其财商，鼓励孩子选择正确的"攀比"目标，并在成长过程中不断地通过劳动及学习来获取成就感，将虚荣心转化为进取心，从而成长为更好的自己。

11 孩子早恋怎么办

随着社会的发展，很多父母也越来越理性和宽容。有一次，一个爸爸说起他 14 岁的儿子在写情书的事，一脸淡定。我惊讶地问他："你不担心孩子早恋吗？"那个爸爸摆了摆手："现在的孩子，有几个不谈恋爱的？孩子喜欢上一个女生，说明他懂得了欣赏别人，写情书也是对孩子语言表达能力和情感表达能力的一种锻炼，这是好事，只要在可控范围内，我觉得 14 岁是可以谈恋爱的！青春期啊，怎么能不让孩子谈恋爱呢？反正我是支持的，不过我给我家小子说得很清楚，咱是男人，得有担当，要把握分寸，不可以害人家姑娘！"

真是忍不住要为这个爸爸点赞了！

现在初高中生早恋已经不是什么新闻了，这可能也是信息时代飞速发展的结果之一，孩子们早就通过各种渠道了解了爱情，甚至比成人还会"秀"，他们的情感成长是迅速而惊人的。其实对青春期的孩子而言，有爱的感知和爱的能力，这是成熟的标志之一。社会已经越来越包容这种成长。无独有偶，前几天我在一个网站上就看到一个妈妈说："本人作为一个男孩的母亲，自打孩子从一年级就有喜欢的女孩开始，从未干涉过他的交往。他感情内敛，容易害羞，但仍然会给喜欢的女孩写情书、写信，有时候会悄悄约会；现在他已经上初中了，很愿意跟我分享他给女孩子写的纸条或信，我看罢都只是笑笑：'写得挺好啊，感情很真挚！'"

能理性看待青春期早恋的父母，相比那些一发现孩子早恋就围追堵截的父母，真的是进步多了，但是，大多数父母心态虽然理性，方式却仍然欠佳。只有宽容的态度还不够，还要对孩子做适当的引导，让他慢慢意识到，早恋其实并不算真正的恋爱，而且绝对是弊大于利。

对于中学生而言，早恋是如何产生的，又是如何扰乱生活和学习的呢？

中学生逐渐从幼稚走向成熟，他们的心理容易起伏不定，也很脆弱敏感，对于来自异性的眼光尤为在意。而现在很多娱乐节目都以情爱为噱头，引发中学生们的好奇和欲望。在这些纷繁的信息刺激下，除了少数意志特别坚定的孩子，中学生大多是无力抵抗的。

青春期异性交往发展和情感的特点也决定了，青少年对"爱"的感应是一步步成长的。一般来说，心理学家将青春期情感分为四个阶段：

第一个阶段："朦胧期"

女孩9—11岁，男孩10—12岁，这是性别意识觉醒期。此时的男女生性机能尚未成熟，但已确认了自己的性别角色，对性别差异敏感，他们和同龄异性在一起会感到拘束、害羞，大多数孩子喜欢采取疏远和躲避的态度；相反，对于成年异性，又表现出过分的亲昵与依恋。

第二个阶段："爱慕期"

女孩11—13岁，男孩12—14岁，正好上初一或初二。这时候异性之间会互相观察、欣赏，开始关注异性的谈话、表情、动作，同时，为了吸引异性的注意，也开始注重穿衣打扮和行为举止，开始有了一些幻想。这时候有少数孩子开始进入"早恋"，但大多数孩子还是懵懂的。

第三个阶段："初恋期"

女孩 13—15 岁，男孩 14—16 岁，刚好是从初二到高一这个阶段，这时候的男孩女孩性机能发育基本成熟，内心开始萌发初恋的"幼芽"，如果在年龄相近的异性中有喜爱的对象，会特别注意和关心他（她）。在情感上，他们渴望和喜欢的异性多接触，多交往，但在理智上又小心翼翼，有种种顾虑。这时候的孩子特别注重自己的外貌和打扮，经常表现得心神不定。

第四个阶段："钟情期"

从进入高二开始，这时候的男女生开始有个很固定的倾慕、爱恋的对象，往往会出现"痴情男女"，一旦相爱，便不顾一切。可因为涉世未深，对于爱情没有足够的认识，他们一旦陷入其中受挫，就会意志消沉，轻则厌世，重则轻生。

针对这样的情感特点，父母可以根据孩子的不同情况做出相应的引导，具体可以借鉴以下三个建议：

一、根据不同年龄特点，超前教育引导，防患于未然

对于处在朦胧期的孩子，要引导他们正视自己的性别角色，在与同龄

异性交往时要大方、诚恳，克服拘束、害羞的心理；而与成年异性交往时，不宜过分亲昵，女儿对父亲，儿子对母亲要适度亲近。对于处在爱慕期的孩子，要教育他们尊重异性和自我尊重，注意自身的仪表和文明礼貌，和异性坦诚合作，不随便盯看异性同学等。对于处在初恋期的孩子，要引导他们多参与群体活动，尽量减少与异性同学单独接触的机会，特别是不要跟某一位异性同学过多地单独接触，避免萌发初恋之情，牵扯精力，影响学业和全面发展。家长还要教育孩子与异性交往时注意自己的言行，不随便打闹，不动手动脚。对于处在钟情期的孩子，要教育他们全身心投入学习和集体生活，用意志力克制自己与异性交往的情感需要，树立更高的人生目标，做有远大抱负的青年人。要让孩子懂得"战胜自己，超越自己"是成人成才的关键。要正面地、严肃地对孩子进行婚恋观的教育，帮助他们排除不正确思想意识的干扰。

二、以身作则，规范自己的言行，给孩子以正面积极的影响

夫妻之间感情的融洽程度往往影响孩子感情的发展和今后的婚恋观。夫妻要感情和谐，表现出对对方的真诚关心与对人格的尊重，不要当着孩子做过分亲昵的动作，不要穿过于暴露的衣服。无论在什么场合，家长都要注意文明礼貌，尊重异性，给孩子以良好的影响。

三、正确对待孩子的早恋行为

像我们开篇提到的那个开明的爸爸，他明着支持孩子，实际上对孩子有一定的限制和约束，这种温和的支持往往更容易让孩子提前醒悟。而反倒是那些捕风捉影、训斥指责的父母，一旦失控，容易激发孩子的逆反心

理，让孩子走上极端。

有个学校做过调查。放暑假的时候，有一批谈恋爱的同学都回家了，结果发生了两种情况：一种情况是恋爱受到父母干涉；一种情况是恋爱没受到父母干涉。假期回来，学校统计恋爱成功率，结果是受到干涉的成功率更高！

爱一旦产生，强行让它消失既不科学也不合情理，中学生的朦胧爱意更是如此，这是孩子在成长过程中萌发的一种自然而然的情感体验，是"人之常情"，非常纯洁。但话说回来，即使如此，为什么我们还是不能放任他们去早恋呢？因为爱不光是一种感觉，它还是一种能力，需要学习和经营，但对于学业繁重的中学生而言，早恋必然会影响到正常的学业乃至高考。所以，父母和老师在理解他们这种感情的基础上，要告知孩子，什么是爱，如何去爱，怎样避免受伤害……所以，对于早恋的危害，父母也要非常重视，避免孩子陷得太深。

首先，早恋十有八九是影响学业的。

中学时期是学习的黄金时期，学生要完成大量的学习任务，需要花费巨大的精力和时间刻苦努力全力以赴，而早恋是一种复杂的生理需求和强烈的情感交织，自然也需要付出时间和精力。每个人的精力都是有限的，所以一旦顾及早恋，必然疏忽学习，过于看重早恋的孩子，甚至会被爱情冲昏了头脑，淡忘进取心和责任感，结果荒废了学业。

其次，早恋严重损害身心健康。

中学生的身心还在成长的关键时期，尚未完全成熟，如果过早把时间和精力都放在恋爱上，智力提升必然会受到一定的影响，而且处理不当的话，流言蜚语对孩子的伤害也非常大。

再者，早恋会阻碍社交能力的提升。

恋爱中的孩子，眼里只有自己喜欢的那个对象，容易沉浸在二人世界里，忽略身边的朋友和更多的社交机会，朋友自然会越来越少。所以一旦恋爱失败，很容易陷入孤独中。

最严重的是，早恋往往会导致孩子失身，甚至失足。

因为中学生容易冲动，自制力差，缺乏对道德伦理的判断能力，所以，一旦双方在热恋中失去控制，很容易做出出格的行为，从而对身心造成重大的伤害，甚至会影响终身。

所以，父母一方面要给予孩子一些宽容和引导，另一方面也要给孩子以冷静的分析和严格的界限。对于孩子来说，在青春期与异性正常接触是情感的需要，也是他们自我认知、自我确定的必要过程。父母需要告诉孩子，无论是男生还是女生，和异性交往时一定要把握分寸，尊重并珍惜自己的感情，不轻易陷入，更不能冲动之下失去原则。

12 孩子有网瘾怎么办

随着网络的普及，教育也不可避免地被牵涉其中，很多学校的作业必须通过网络来完成，培训班的一些资料也需要通过网络对接，这让父母很困惑：制止孩子上网吧，孩子要做作业；不制止吧，网络中那些不安全和不健康的因素，随时有可能伤害孩子，而且过度使用网络，孩子有可能会染上网瘾，追悔莫及。

亲子论坛里，有个妈妈写道：

孩子越大越糟心啊！

我儿子几乎每天都有网络作业，或者是忘记作业了，要在家校群里看作业，反正总有理由一回家就拿起手机关起门，谁也不知道他在做作业还是在玩。为此，我把手机上所有的游戏和视频软件都删除了，可即便如此，他居然下载了王者荣耀，还设定成隐藏文件，要不是被他爸爸发现，我至今还蒙在鼓里，想到这里真是让人烦躁啊！真怕有一天，他也染上可怕的网瘾。

网瘾可怕，但比网瘾更可怕的是，国内一系列关于戒网瘾的悲痛事件。

新闻一：2009 年 8 月，广西南宁少年邓××，在参加"戒断网瘾"的训练营时被殴打致死；

新闻二：2010 年，一名乌鲁木齐的 17 岁少女因逃避戒网瘾，试图逃跑，坠楼身亡。

新闻三：2014 年 6 月，河南一 19 岁少女在戒网瘾学校内死亡，遍体鳞伤。

这所戒网瘾学校曾是家长心目中让孩子脱胎换骨的好学校，可对于孩子而言，却成了地狱。据悉，学校常用的训练方式就是体罚。

新闻四：2017 年，合肥一 18 岁男孩进特训学校戒网瘾两天后身亡，被曝曾被关禁闭，被铐及被限制进食、饮水，遭受殴打。

……

这些惨剧的源头都是，孩子有了网瘾。

网瘾，即网络成瘾，主要是指长时间沉迷于网络，对除此之外的事情都没有过多的兴趣，从而影响身心健康的一种病症。网瘾的高发人群多为 12—18 岁的青少年，且男生多于女生，主要原因是青春期孩子大脑皮层发育不完善，自控意识和能力较弱；同时对新鲜事物充满了好奇，喜欢寻求刺激、惊险和浪漫，而网络正好满足了青少年的这一需求。

现在网络所到之处，孩子几乎"片甲不留"。没有哪个孩子是不上网的。孩子有没有成瘾，父母需要如何干预，如何引导孩子戒除网瘾，等等，都让父母们头疼不已。

其实父母不必过于焦虑，而首先要明确网瘾的行为表现有哪些，再以此判断孩子是否有网瘾。

一般来说，染上网瘾的孩子都有下列症状：

1. 平时双眼无神，一见到电脑就两眼放光，对无关的事情，没有过多兴趣；

2. 对人冷漠，情绪低落，缺乏时间观念；

3. 睡眠没有周期性，经常失眠、头痛；

4. 经常恶心厌食、消化不良，造成体重急剧下降或增长；

5. 注意力不能集中或持久，严重时记忆力减退；

6. 每个月上网的时间超过120小时，即平均每天4小时左右；

7. 头脑中一直浮现和网络有关的事；

8. 无法抑制上网的冲动；

9. 上网是为了逃避现实、戒除焦虑；

10. 不敢和亲人说明上网的时间；

11. 因上网造成课业及人际关系的问题；

12. 上网时间往往比自己预期的时间久；

13. 花许多钱更新网络设备或上网；

14. 花更多时间在网上才能满足。

为什么孩子会染上网瘾？父母都觉得，是因为网络太发达了，事实上，这只是外部因素之一，还有一些原因，要引起父母的足够重视和反思。

一、社会大环境影响

网络资讯发达，新鲜的内容层出不穷，极大地迎合了青少年贪图新鲜的心理；同时，身边的同学经常谈论的话题大多围绕着网络游戏、明星综艺等等，这让他们觉得，不上网会很落后。生理发育还不够完善的青少年们，意志力还不够强大，所以很难抗拒网络的诱惑。

二、家庭教育不当

家庭教育不当是导致青少年网瘾的重要因素。如果父母工作繁忙，无暇顾及孩子的成长，尤其父母离异或外出，导致家庭缺少温暖，孩子就会在网络上寻找安慰。还有一些父母，自己喜欢打网游，孩子自然而然也会产生上网的冲动。有些家庭完整、父母严格教育的孩子也会有可能染上网瘾，其主要原因是，父母过于权威或者对孩子责骂、使用暴力等，让孩子产生逆反心理，从而在网络中寻求安慰。

三、信念教育失败

应试教育的体制决定了，父母和老师都更关注孩子的学习成绩，而忽略了给予孩子方向和目标的指导。孩子没有明确的目标，产生厌学情绪，从而通过网络来逃避现实。

四、孩子精神空虚，满足感缺失

学习成绩差、人际关系不佳的孩子，很容易依赖网络。这些孩子严重缺乏自信，不敢和人交往，为了满足自我的一些期望，他们就在网络世界里寻找成就感，他们可能成为某个游戏的高手，可能在网络上拥有众多好友。还有一些比较顽劣的孩子，因为成绩差也不爱学习，爱逃学、打架，经常集体去网吧上网。

那么，怎样治疗网瘾呢？首要的问题是，父母要把预防放在第一位。

一、限制上网，约定规则

在交给孩子手机前，父母要和孩子约定三个规则：控制使用时间，禁止付费，保密自己的信息。控制使用时间让孩子有所节制，避免上瘾；禁止付费，提醒孩子不要轻易上当；保密信息，不把账号密码告诉陌生人，不发自己的照片，避免交到不良朋友。

二、主动了解，良性互动

父母要主动了解孩子所接触的网络世界，主动询问孩子在网络中的关注点，营造良好的家庭氛围和家庭关系。一旦发现孩子沉迷于网络，父母可尝试与孩子共同体验，了解其中的乐趣，辨别不良信息，再加以引导。

三、加强教育，提升素养

要加强对孩子的网络安全教育，提升孩子的网络素养，父母可以屏蔽一些不良网站或资讯，引导孩子区分网络内容的好坏，多浏览一些有益于自我成长的网络内容，拒绝不良信息，提高自我约束力。还要鼓励孩子在生活中遇到麻烦时，积极向父母求助，从而帮助孩子控制向网络倾诉的欲望，选择在现实中释放不良情绪。

四、强化自我，以身作则

父母是孩子的行为榜样，如果父母沉迷于网络，孩子也会步父母后尘。所以，父母要有意控制自己的上网欲望，管理好自己的网络行为，给孩子正确良好的示范。

五、拓展兴趣，积极乐观

网络之所以让孩子沉迷其中，一个重要原因是，可以产生快感。所以，父母要多方面培养孩子的兴趣，拓展孩子的生活，比如户外跑步、旅行等等，让孩子从现实中获得良好的快乐体验，感受到真实世界的精彩。

对于已经上瘾的孩子，父母要选择科学合理的治疗方式。

目前全国有数百家以"帮助戒断网瘾"为主业的培训机构，这些机构良莠不齐，曾被曝出许多不科学的方法，比如不同程度的体罚和限制人身自由，甚至采用极端方式，让孩子因为恐惧而服从。大量案例证明，这种治疗即使有效，也严重破坏了亲子关系，让孩子对父母敬而远之。

孩子上网成瘾，父母有不可推卸的责任，父母应该从改变自身、尊重孩子开始，保证孩子在安全、温暖的状态下戒除网瘾。父母们可以从以下四个方面着手进行：

一、科学安排孩子上网，循序渐进地戒掉网瘾

对于上网成瘾的孩子，父母千万不要指责打骂，逼迫孩子改正，这样反倒会引起孩子的逆反心理，让他们越陷越深。父母应该循序渐进，先合理地控制上网时间，再净化孩子上网浏览的内容，一步步帮助孩子控制上网的冲动。

二、多陪伴，鼓励孩子用其他兴趣取代网络

父母的陪伴可以有效减少孩子的空虚和焦虑，让他们转移注意力。同时，父母要培养孩子让他们有满足感和快感的兴趣爱好，让孩子从中找到乐趣，体会和感受到成功的喜悦。父母要从观察孩子的兴趣点入手，挖掘孩子合理的爱好，吸引孩子参与，转移注意力，从而减少上网时间。

三、规范孩子的作息习惯

很多孩子网络成瘾都是作息不规律，无节制上网玩游戏导致的，所以，父母要刻不容缓地干预孩子的作息习惯，在保证孩子正常的休息和充足的精力的前提下，引导他们合理安排学与玩。在玩的时候父母也应尊重孩子，信任孩子。

四、晓明利害关系，保持顺畅的沟通

孩子沉迷于网络世界的确是个令人头疼的问题，但父母不应就此乱发脾气，或者急躁地将孩子送到不合格机构，强行戒网。这样只会引起孩子的反感，加剧他们逃避现实、沉迷于虚拟世界的情况，或者在培训机构留下一辈子的心理阴影。父母最应该做的是，帮助孩子分析利害关系，说明网瘾所导致的一系列危害，鼓励孩子战胜自己的欲望。如果父母尽力后，仍然无法改变孩子对于网络的依赖，可寻求专业机构咨询帮助。

就今天而言，孩子上网成瘾已经是个比较普遍的问题了，由此引发了许多家庭问题：亲情关系淡漠，孩子性格孤僻，在不良内容的诱惑下做出

冲动的事，例如用父母的钱去打赏网红等。父母的处理方式决定了孩子的后半生，所以父母一定要理性、温暖，用亲情感化孩子，引导孩子摆脱网瘾，健康成长。

13 孩子的心理抗挫力不强怎么办

前段时间，我的朋友圈被两个悲剧刷屏了：

上海17岁的高二男生，与母亲在车内发生争吵后，一时激动，打开了车门，直奔桥边缘，一跃而下，没有任何思考。整个过程仅有5秒钟，却对一个家庭造成了一辈子的伤害。事发原因是，儿子在学校和同学发生矛盾，母亲批评了他。事后，网络上差不多有500万人留言称，孩子太自私、脆弱。

四川15岁的初三学生，服下农药自杀，并用手机留下服药前8分钟的"直播"。视频中，男孩说他要烧书玩。他一页一页撕下语文课本，然后在盆子里焚烧，在这个过程中，他一直自言自语："有些人活在世上本身就是错误，我可能也是其中之一吧。""一个人毁掉其他人，他（她）的存在是不是错误？"……烧完语文课本后，他仰头喝下农药。事后其父母称，孩子当天曾被老师处罚，老师告知母亲后，父亲也打电话批评了孩子，孩子可能一时想不开，喝农药自杀。

令人悲痛的是，近年来，这类事件层出不穷，大家在呼吁父母注意教育方式的同时，又叹息孩子的心理过于脆弱，尤其是青春期孩子，冲动之下很容易选择用极端的方式解决问题。

每个人在成长过程中，都会遇到挫折，青春期孩子遇到挫折后，反应尤为激烈，比如跟同学闹矛盾可能导致孩子打架斗殴，成绩不理想可能导致自卑抑郁，被老师或父母批评指责可能导致轻生，等等。青春期孩子的心理起伏大，面对挫折时，如果父母没有及时引导，孩子很容易就失去自信心，畏畏缩缩，有些就会像我们前面提到的那两个男孩一样，选择绝路。所以，家庭永远是培养抗挫力的起点。

什么是抗挫力呢？美国宾夕法尼亚大学的研究发现：在人生的挫折与困难面前决定一个人成功与失败的关键在于一个人的心理弹性能力，俗称抗挫力，即逆境中的反弹力或恢复能力。

培养孩子抗挫力的关键，就是引导孩子学会从容应对压力。这是父母应尽的义务和职责。具体来说，父母可以从四个方面来具体落实：

一、给孩子历练的机会

如果父母对于孩子过于保护，帮孩子绕开所有的挫折和陷阱，不给孩子锻炼心智的机会，那么孩子遇到一个小挫折，就可能要付出生命的代价。想让孩子能够坦然面对压力，父母在生活中就要学会放手，给孩子磨炼自己的机会，让孩子多经历一些挫折，学会直面生活中的困难，然后在经历中体验到人生的无常、求而不得、求之不能、遗憾、后悔、失落、被排挤、不被理解，等等。这些是人在成长中必须学会去接受的事情，越早经历的孩子，越能够获得坚韧的成长。比如上学放学，可让孩子独自乘坐公交车；出远门时，要求孩子自己做好计划攻略；孩子丢失东西后要自己负责找回或想办法弥补。总之，让孩子不依赖父母，自己思考，寻找出解决困难的办法。

如果孩子成长得过于顺利，一旦遇到困难就容易束手无策。父母可以有意设置一些障碍，培养孩子对于挫折的适应能力，这种方式因人而异，要根据孩子的年龄、接受能力来权衡是否合理。比如，有些父母喜欢盲目给孩子定学习目标，平时成绩都是 80 分左右的，突然要求他达到 95 分，孩子屡屡达不到目标，就容易变得不自信。"欲速则不达"，所以父母应根据孩子的实际情况，将目标调整到 85 分左右，并在孩子达到此目标后，给予肯定和鼓励。

人为制造障碍并非越多越好，也并非越有挑战性越好，要避免过犹不及，要保证孩子够得着，这样既能锻炼孩子的毅力，也能够让孩子从中获得成就感。

父母都想保护孩子，但事实上，谁也不可能一直陪伴在孩子左右，更无法阻止挫折的发生。所以，真正的保护是，放手让孩子去经历挫折，让他们自己学会处理失败，从逆境中反弹。

二、接纳孩子的挫败感

青春期孩子在遇到挫折时，难免会愤怒地发泄情绪，这时候父母一定要理解孩子的感受，不强推孩子，不打击孩子，如果孩子愿意，可以陪伴在孩子身边，帮孩子分析失败的原因，给出解决的办法。当孩子感受到被接纳、被理解、被关爱后，他们很快会将负面情绪转化为正面情绪，并在父母的帮助下克服困难，想出反败为胜的方法。只有感受到了战胜困难的快乐，孩子面对挫折的勇气才会越来越强大。

三、鼓励孩子自我肯定

孩子遇到困难挫折时是最需要父母的时候，这时候父母对他们的疏导和鼓励自然具有重要意义，可惜的是，很多父母在孩子犯错后，都喜欢指责批评，一味地想让孩子反省，却忽略了孩子的心理承受能力。前面说到的两个悲剧，都是孩子在遇到挫折后，又遭到父母批评，从而选择轻生，可见，父母不当的处理方式会引发多么严重的后果。如果父母无法管控自己的情绪，那么，一定要多培养孩子自我肯定的能力，帮助他们发现自己的闪光点，树立自信，克服缺点，培养乐观积极的心态，要让孩子懂得，赢的时候不要骄傲，输的时候不要气馁，遇到批评不要愤怒，从而提升心理承受能力。

四、发展特长兴趣，塑造孩子的耐力

比如坚持长跑，不仅能够锻炼孩子的身体，同时还能训练孩子的耐心和毅力，培养顽强的品格等，提升抗挫力。所以，父母可以多给孩子提供体能运动的机会，登山、骑自行车都是不错的选择；如果身体素质不允许，练字帖、弹钢琴也可以让孩子静心，培养耐力。

提升孩子的抗挫力，越早越好，因为孩子年龄越小，获得认知的代价越小。跌倒的时候不扶孩子，孩子就会认识到，跌倒了要自己爬起来；失意的时候"放任"摔打东西，孩子事后就会明白，摔打原来于事无补。虽然孩子经历了一段时间的伤心难过，但他的世界不至于发生崩塌性的破坏，要不了多久，他就能恢复元气，就能从这些挫折中一步步成长。若是人为地推迟孩子经受挫折的时间，把小时候就该经历的挫折放到以后，伤害不会推迟只会加倍。

法国著名作家巴尔扎克说过："苦难对于天才是垫脚石，对于能干的人是一笔财富，对于弱者则是一个万丈深渊。"

所以，孩子的抗挫力越强，也就意味着他掌控命运的能力越强。

父母不仅是孩子的养育者，也是引导者。孩子到了青春期，问题复杂，性情多变，父母在包容理解孩子的同时，要重视孩子应对挫折的能力的教育，引导孩子正确处理人际交往中的矛盾冲突，客观认识自我和冷静评价他人，学会排解消极情绪和自我调节的方法，从而增强毅力和韧性，有效地避免被挫折打败。

转变观念：
换一个角度看问题，
消除教养困惑

青春期是孩子成长中问题最多、困惑最多、冲突最多的时期，做父母的自然万分焦虑，父母除了要正视青春期的叛逆，将它当作一件稀松平常的事，还要学会转变观念看问题。思想开放一些，角度新颖一些，许多教养困惑自然迎刃而解！

1 世上没有完美小孩

当你羡慕别人家孩子学习成绩好时，他正在羡慕你的孩子可以自由奔跑；

当你羡慕别人家孩子行为端庄时，他正在羡慕你的孩子可以放肆说"不"……

每个人都不是完美的，孩子也是一样。要接纳他的问题、他的成长、他的叛逆。

有一次难得的机会，我和初一、初二的孩子一起聊天，问到他们最喜欢的明星和歌曲，他们中有百分之七十的人的答案是少年团体 TFBOYS，其中百分之六十的孩子说最喜欢那首《我不是完美小孩》。他们每次被人批评时，自己会提醒自己，我不是完美小孩，也特别渴望父母都能明白这个道理。

天下的父母都认为自己的孩子最完美吗？这自然是不可能的，在父母眼中，别人家孩子才是最完美的存在，自己家的孩子根本就是又熊又烦。我收到过无数封父母的信，信里都充满了对孩子的抱怨，而且这些抱怨都是有理有据的，他们也非常担心，这些充满问题的孩子，要怎么办，未来是不是很糟糕？

有一封信是这样写的：

我的孩子也许不是最讨人厌的，但绝对是最挑战我神经的孩子之一。他的作业本上永远是 B 甚至是 C，家长会上，我永远是被老师极度鄙视的那个。我安慰自己，学霸毕竟是少数，也不光我家孩子是学渣，我们夫妻也都不是高学历，再说，随着社会的多元化发展，不是非要上 211、985 才有出息。但让人打脸的是，我在他身上几乎看不到任何优点：因为学习成绩不好，他厌学情绪很重，喜欢玩电脑游戏；才上初二，我就看到他偷拿爸爸的烟；房间里永远是乱糟糟的；见了亲戚也不打招呼。有一次，他去找舅舅借 200 块钱，说有急用，舅舅不放心，让我问问孩子。他的零用钱每周 100 元，三餐都在家吃，文具我也备齐了。我问他，他说想买一个东西，钱不够，我不信，追问后才知道他去游戏厅打游戏，没钱，借了同学的 100 元，后来请同学吃饭又借了别人的 100 元。此类事件真是数不胜数，我现在每天都在担心他出幺蛾子。我也在反思家庭教育，爸爸工作忙，没时间管他，脾气也有些暴躁，孩子做错事就吼骂一番，然后出于愧疚又给他零用钱或者买昂贵的礼物作为补偿；我自己因为照顾他全职在家，怕他学坏，所以也控制得比较严格。可我全力管都落得这样的下场，真不敢想象他以后会怎么样……

我能体会到这位妈妈的焦虑，面对孩子出现的各种问题，她变得越来越紧张，越来越担心，看起来她似乎已经接受了孩子的不完美、成绩的不理想，但事实上，她一直在做的事情就是，想着怎么样改变孩子，让他朝着自己期望的方向去发展。这种焦虑的妈妈有个特点，她们每天陷落在孩子的负面问题里，没有时间和精力去挖掘孩子好的一面，表现出来的也是负面的情绪，而相应地，孩子也正像她所担心的那样，变得越来越糟糕。

英国精神分析学家温尼科特说过："对孩子影响最糟糕的妈妈，就是着急的妈妈。"而在孩子进入青春期后，这种焦虑型的妈妈，在我们身边比比皆是。我常听很多妈妈或爸爸说："我也理解孩子，他不是学习的料，所以对他要求并不高，也接纳他的平凡，但他也不能老是停在最后几名啊！"还有一些自以为对孩子很宽容的父母，常常挂在嘴边的话是："孩子嘛，他爱怎么样就怎么样，不能限制得太多了，但他不可以玩手机，不可以挑食……"

"金无足赤，人无完人"，孩子自然也没有例外，那些看起来非常完美的别人家孩子，他们的父母也不无担忧。有个连年都被评为省、市优秀三好学生的妈妈说："孩子是很优秀，但这也让她心高气傲，真担心她以后不能找到男朋友。"

俄国作家普希金曾写过一则童话：一个穷渔夫的老婆，利用一条贵为王子的小金鱼的报恩机会，不停地索取，先是要不漏水的木盆，然后要好衣服、好家具，接下来要豪宅、成群的仆人和一辈子都花不完的钱，小金鱼都给了她。她成为贵妇，却还是不满足，最后竟想要当女王。小金鱼惊呆了，震怒了，不再理她，默默游走了。已成为贵妇的她一瞬间发现自己又变回渔夫的老婆，眼前摆着一个漏水的破木盆和一堆要洗的脏衣服。每个看童话的人都会嘲笑渔夫老婆的贪婪，可在教育孩子这件事上，大多数人却不曾意识到，自己正在扮演"渔夫老婆"这个角色。

父母在孩子诞生时，都只有一个愿望，愿孩子平安健康。随着孩子年龄的增长，他们的要求越来越多：孩子要有礼貌、讲文明，要不挑食、不打架，上学了要守纪律、成绩要好……总之，孩子永远不能达标。这样的父母不正是那位"渔夫老婆"吗？

几乎所有的家长都会否认自己要求高，他们赞成"宽容""接纳"等理念，但总是将关注点放在孩子的毛病上，比如：我可以接受你学习成绩不好，但你态度得端正啊！我可以接受你顶嘴，但你说话得有分寸吧？……

可见，我们并未像自己所说的那样接纳孩子，父母们都忍受不了孩子身上的"缺点"：孩子太活泼，他们认为太闹；孩子太安静，他们嫌孩子太宅；孩子喜欢到外面玩，他们又怕孩子会被人带坏；孩子喜欢唱歌，他们要求他游泳也不能差；孩子音体美样样都优秀，他们还希望孩子成绩更好……

虽说教育的目标是尽可能让孩子们变得优秀，但优秀不等于完美。

究竟如何才能真正接纳孩子的不完美呢？我们可以通过思考以下四个问题来找到切实可行的方式：

问题一：接纳孩子的缺点，为什么我们做不到？

父母无法接纳孩子的第一个原因是：青春期的孩子身上会有很多负面的情绪，而父母从一开始，就已经知道用哪种标准来要求孩子了！孩子在这些标准面前，基本上都是不合格的。父母认为必须要用规矩、目标、批评、惩戒等这些概念和手段，对孩子进行规范，从而让孩子更优秀，这背后的潜台词就是：我不能接纳你的不足和过错。这样的父母，往往过于强势和苛求，所以，不断以自己的方式改造孩子，以达到完美的目标，却没有考虑孩子的天性以及自然生长规律。第二个原因是：父母喜欢想当然地主导孩子的方向。他们想当然地用自己的优势去衡量、要求孩子，他们认为，自己都是学霸，孩子怎么可能是学渣，一定是孩子不好好学；他们给孩子报了培训班，想当然地认为孩子的成绩能够提高20分；他们给孩子上了音乐培训课，想当然地认为孩子的音乐会学好……这些实际上都非常不公平。没有什么是应该的，孩子的成长是自我醒悟和完善的过程，是不可以量化的，而且这对孩子的教育有可能适得其反。最后一个原因：孩子的缺点影射了父母内心的问题。为什么很多父母自己本来就不够努力，很多事也做得不够好，却要求孩子更好呢？因为他们看到孩子不好的一面时，会回忆起自己不堪的一些往事，于是变得怒火中烧。这就是父母和孩子之间形成的"相互投射"，父母对自己不满意，从而也无法接纳孩子的缺点。

找出父母们无法接纳的原因，才能对症下药。

如果是第一个原因，父母就需要摒弃那些不合理的标准，观察、理解孩子，为孩子制定合适的目标，引导孩子去完成。若是第二个原因，父母应该摆脱盲目的追求，接受孩子的平凡，不要为了所谓的成才扼杀孩子的天赋，而要鼓励孩子去发挥自己的特长。当我们的内心无法接纳自己的时候，我们会觉得自己是无能的，会将负面情绪归咎于别人，甚至是孩子。父母需要从孩子的身上获得成功的体验，一旦孩子不符合期待，父母就会十分焦虑和不安。所以，针对第三个原因，父母作为成年人，首先要有接纳自己的力量，管理好自己的情绪，和自己和解，对自己满意，才能拥有一个好的心态，从而理性地处理好亲子矛盾。

问题二：接纳孩子，是无条件地满足他吗？

有些父母看到这里，马上脱口而出："那孩子做坏事我也要接纳他吗？"

我们所谓的对孩子的无条件接纳只是让父母切记，无论孩子做了什么，你都会永远爱他，接受他，但并不是接受他所有的行为。其实也就是我们所谓的，对事不对人。孩子是永远需要父母接纳、尊重的，需要进行引导调整的是他的不当行为。不能因孩子的错误行为否定孩子。所以接纳孩子，要接纳他的想法、情绪和现状，但必须要限制他的过分行为。

落实到具体事件上，比如写信的那位妈妈，完全可以和孩子开诚布公地沟通："爸爸妈妈会永远爱你，能够接纳你的问题，但是对你找舅舅借钱去偿还打游戏的债务这种行为，必须要加以限制。为什么要限制？因为无论任何人，在行为准则里都应有三个原则：一是不能做伤害自己身心健康的事；二是不能做伤害别人身心健康的事；三是自己做事自己担当。而你借钱打游戏的行为，正是因为自己经受不住诱惑，需要自己去担当，你可以和父母商量，通过分担家务等方式来赚钱，去偿还债务。"

问题三：接纳孩子，父母是不是要忍气吞声？

我碰到一些父母，尤其是妈妈们，误认为要接纳孩子，就要压抑自己的情绪。比如孩子做了坏事，我很生气，想吼骂他甚至想打他，可是出于接纳孩子的心态，又得拼命压制自己的这种情绪，这可怎么办？

"接纳孩子就压抑自己"背后的逻辑是：要么就得完全地压抑自己，凡事都顺着孩子；要么就得骂孩子，责怪孩子。这两者都很极端。

生而为人，谁没有情绪呢？越压抑反而越强烈，伤害力度也更大。所以，父母无须压制自己的情绪，只是要找到一种既可以表达自己的情绪，又不伤害对方，不让对方感觉被指责、不被尊重的方式。

可借鉴我们之前谈到的非暴力沟通中使用的方式，首先阐述问题，其次说明自己不满或认为错误的地方，最后指出对于孩子的期待，这个期待必须要明确可行。

仍然以写信的妈妈为例，在得知孩子偷拿爸爸的烟这个事情后，妈妈自然很生气，忍不住要发脾气，这时候她就要去跟孩子聊聊："妈妈看到你拿爸爸的烟了，抽烟有害健康，尤其是对于未成年人，请你马上将它交还给爸爸。当然，我现在已经非常恼火了。妈妈知道你很好奇，你可以去问问爸爸烟的味道怎么样，等你成年了，妈妈会尊重你的选择，但现在不行。"

问题四：接纳孩子，是不是一味表扬赞赏？

我们的父母为孩子真是操碎了心，接纳孩子的过程也是无比复杂艰辛。父母都知道骂不能过头，打不能过头，那表扬总可以吧？

非常遗憾的是，表扬和赞赏也需要有度，而且要有针对性，这样才能对孩子起到激励作用。不切实际的肯定和表扬都是浮云。

每个孩子有长处也有短处，有自己的个性特点，父母要真诚地表扬孩子，就要接纳孩子的特点，对于他擅长的领域进行总结和表扬，这样可以帮助孩子在成长过程中尽快找到自己的优点和劣势；孩子因为缺点而烦恼时，父母可以因势利导，让他看到自己的优点，并加以强化，从而增强自信心。

由此可见，接纳孩子，是每个父母的必修课，是所有父母都应具备的理念和态度，只有这样，接纳才具有实际意义，并能切实地帮助孩子成长。

接纳孩子，要在理解的基础上共情，接受已经发生或存在的事实，设身处地地感受孩子的情绪以及心理需求，帮助和陪伴孩子从难过、生气、焦虑等负面情绪中走出来。接纳，就是给孩子提供稳固、安全的"容器"一般的爱，安然地存放孩子所有好与不好的情绪、行为，帮助孩子发展出相信自己、勇敢面对挫折、从容面对复杂世界的力量。

父母都应该了解，每个孩子都是独一无二的，要根据孩子自己独有的特点去研究相应的教养方式，而不能想当然地觉得孩子要外向时就外向，要内秀时就内秀，要端庄时就端庄。

所以爱孩子，尊重孩子，就要接纳他们的问题，接纳孩子拥有不完美的青春期。

2 教孩子学会接纳自己

这世界上从来没有完美之人，孩子也是如此。

在湖南卫视热播的节目《少年说》里，上初中的袁璟颐，站在勇气台上对妈妈喊话："孩子不是只有别人家的好，你自己的孩子也很努力！你总是喜欢打击我，这让我一点信心都没有，你怎么不看一下呢？"那个"别人家的孩子"正好就是袁璟颐的全班第一、全年级第一、全校第一、全联盟第一的学霸女闺蜜。接下来，这个妈妈最喜欢的标杆——"全联盟第一的学霸女闺蜜"，接过好朋友的棒，上台继续倾诉自己成为别人口中的"别人家的孩子"的压力。作为一个考试第一的学霸，她也要面对体育不及格时父母的苛责。

进入青春期以后，孩子的烦恼并不比父母少，他们一方面想摆脱父母的控制，另一方面又无法独立应对青春期的所有问题，所以，即使是学霸，也会出现这样或那样的困扰。在这种困扰的背后，有孩子对于自己缺乏信心的因素，也有孩子急欲突破自我的因素。

如果一个孩子无法接纳自己，无法容忍自己的弱点，他势必会在自我冲突中产生焦虑，从而影射到人际关系中，把自己不能接受的东西说成是别人所有的，变成了别人不能接纳他。

父母教育孩子，除了要接纳孩子的缺点，最重要的是，还要帮助孩子自己和自己友好相处，能够看到自己的优缺点。首先，要从青春期烦恼的角度找出孩子无法接纳自己的地方。

一般来说，青春期孩子的烦恼主要来源于以下五个方面：

一、外表不理想或有缺陷

青春期的孩子越来越在乎外表，他们会为个头不高、皮肤黑、身材偏胖等烦恼，如果生理上存在一些缺陷，更会让他们产生自卑心理。比如，我身边经常遇到一些女孩，因为青春期突然发胖而惶恐不安，有时同学无意间喊声"胖子"，她们就非常难堪。

二、学习成绩不佳

对于中学生而言，学习成绩是父母及老师、社会对他们的评价标准，成绩不佳会影响他们的成就感，让他们倍感压力。我们都无法逃离应试教育的大环境，所以，学习成绩对于一个孩子来说，可以决定他的未来生活。但大多数平凡的孩子，确实无法做到学习成绩突出，即使父母不指责，老师不批评，随着年龄的增长，他还是一样会为此感到羞愧。

三、家庭不和睦或过于贫困

家庭不和睦会让孩子找不到归属感，缺乏爱和温暖，心里便会滋生怨愤，心态受到影响。另外，如果家庭经济过于贫困，无法满足孩子的一些基本物质要求，也容易让孩子背负压力。

四、人际交往不顺

有些孩子不知道如何和别人交往，导致他无法交到知心朋友，比较孤僻，尤其面对喜欢的异性，无法正常交流，这也会让孩子倍感烦恼。有段时间，有个孩子经常给我留言，说自己喜欢上班里的一个女生，但因为自己嘴笨，不敢和别人交往，所以更不敢和这个女生去交朋友，只能远远看着，有时备受折磨。

五、个性不利于交际

有些孩子个性比较腼腆害羞，有些孩子个性死板，这些个性上的问题，会使孩子和其他人产生隔阂，从而非常孤独。

以上这些烦恼源，都会使孩子在接纳自己时产生动摇，对自己时有不满或嫌弃，甚至陷入自卑和沮丧中。

其实，没有哪个人是完美的，也没有哪种性格占绝对优势，比如，一个胆小怕事的人不能成为一个出色的医生，但可以成为一个音乐家；有的人孤僻偏执，交不到什么朋友，却能专心研究某个科学问题，成为个中翘楚。所以，父母一定要多肯定孩子，帮助孩子认清自己，接纳自己，成就自己。

首先，帮助孩子认清自己的优缺点，扬长避短。

美国第二任总统本杰明·富兰克林，年轻时很自以为是，不断与人发生争执，为此失去了一些朋友。后来，他意识到自己虽然才华横溢，却成了孤家寡人，于是他请来过去的朋友，让大家帮他找出弱点，然后把自己性格中的缺陷——罗列出来，开出一张清单。每次他发现自己已经改掉了一个坏毛病的时候，他就把这个毛病从清单上划掉，直到清单上所有的坏毛病都被划掉为止。他成了全美国最有人格魅力的人，每个人都尊敬他，崇拜他。

虽然成功有很多种，但如果能发挥自己的长处，克服自己的短处，成功一定会来得更快一些，所以，父母要帮孩子认清自己的长处和短处，扬长避短，孩子努力的方向才不会偏移。

其次，鼓励孩子进行自我反省和自我评价。

父母每天抽出一点时间，和孩子一起回顾一天的学习生活，反省做得不满意的地方，思考改进的方法，父母同时也可以对自己做的某些事情进行反省，让孩子认识到自己和父母身上都有缺点，都需要自省，然后再提供解决问题的方法。父母也要避免直接评价孩子，可以引导孩子自己评价自己，从而更客观地看待自己。

再次，要引导孩子认识自己的心理感受。

青春期的孩子烦恼多，如果和父母没有交流，或者不知道如何排解，这些烦恼很有可能会加倍增长。所以，父母要多关注孩子的情绪，平时多与孩子交流，让孩子多谈谈他的烦恼、他的快乐，谈论世间万物，表达真实的感受，然后再针对性地帮孩子梳理这些感受，归纳总结，以方便孩子更准确地了解自己的心理需求，更好地表达自己。

比如对因为外表条件不好所以自怨的孩子，我想大多数父母都会说：天生的，有什么好抱怨的！但其实有很多办法可以改善，比如鼓励孩子健身，改善身材和精神面貌；还有鼓励孩子通过读书充实自己的心灵，要知道，心灵美才是永恒的。如果是家庭原因，父母更是要以身作则，比如夫妻关系不和睦的，要坦诚沟通交流，改善关系，为孩子提供安全温暖的港湾；经济条件有限的，也可以坦然告知孩子，人有时候就要靠些运气生财，父母可能运气有点差，但父母一直在努力，希望孩子通过学习能有个更好的平台，过上富裕的生活。

最后，接纳是为了解决问题。

有的父母会觉得，让孩子接纳了自己的缺点，我们都对他的缺点忽略不计，那缺点不是永远都无法改正吗？事实并非如此，让孩子接纳自己的缺点，接纳自己的不完美，一是让孩子和自己和解，不用纠结于缺点或问题，将精力和时间都耗费在里面；二是让孩子不钻牛角尖，理性看待自己的缺点，从失败里吸取经验，再去试着解决这些问题。不自责，不悲观，才能走得更坦然。

孩子的成长是一个复杂又美丽的旅程，在青春期，他们容易冲动行事，从而忽略了自己真正的心理需求。父母帮助孩子正确分析自己的问题，认识和接纳自己，可以有效避免孩子在青春期的叛逆行为，唤醒孩子内心的责任感，帮助他们找出清晰的目标并为之努力。

3 让孩子自信地做自己

自信心作为一种重要的社会性心理品质，是中学生良好的心理素质和健康个性的重要组成部分，也是一个人成才的重要因素。没有哪个父母不希望自己的孩子自信阳光。

我前些天在邮箱里看到这样一封信：

> 我女儿今年 15 岁，读初三，她是个特别乖的孩子，从小就听话懂事，因为我们夫妻做一些小生意，也没有太多时间管她，她的自理能力也很强。今年对孩子来说太关键了，我就把主要精力放在她身上了，但我发现她的听话懂事背后，有些问题：她特别闷，话很少，跟我说话都是我问一句她答一句，有客人时她也只礼貌地点点头，不打招呼。我问老师她在学校的情况，老师评价说，成绩中等，不好不坏，和同学接触得也不多，很沉默。老师说，感觉她不太自信，有时向她提问，她很紧张。这让我越来越担心了，请问老师，她这种性格是因为缺乏自信吗？有没有办法改变呢？

苏格拉底说过：一个人能否有成就，只看他是否具备自尊心与自信心两个条件。

而美国教育家戴尔·卡耐基也说："一个人事业上成功的因素，其中学识和专业技术只占15%，而良好的心理素质要占85%。"

自信，就是相信自己有力量克服困难，实现一定愿望的一种情感。有自信心的人能够正确地、实事求是地评估自己的知识、能力，能虚心接受他人的正确意见，对自己充满信心。

孩子不自信，就容易产生羞怯、畏缩等心理，这让父母们最为担心。事实上，现在的中学生，缺乏自信心的非常多，但有时候孩子性格虽然内向，却并不一定是不自信。所以，父母有必要先判断下，孩子是不是真的缺乏自信心。

在中学生的生活和学习中，缺乏自信心主要表现在三种情况下：

1. 集体活动中。在集体活动中，被动地选择小组，不敢提出自己的想法和建议，害怕参加竞赛等活动。上课时，很少主动发言，被老师叫到后，说话声音小，紧张，结巴，不敢大胆表现和展示自己，担心被人嘲笑，希望得到别人的关注和肯定。

2. 人际交往时。在和同学或朋友的交往中很被动，如果没有人主动来和自己交往，自己就独来独往，游离在同学之外。有同学找自己说话时，有些畏缩，说话小声、胆怯，缺乏主见。经常服从于其他同学。

3. 遇到困难后。遇到困难后，自信的孩子会迎难而上，而缺乏自信的则恰恰相反，会害怕、退缩或者干脆放弃。他们一般不愿意尝试新的事物和活动，即便被强行拉入，也会选择低难度的去做，逃避有一定难度或挑战性的事物或活动。一旦与他人发生矛盾，往往依赖于别人帮忙。

如果孩子有以上这些表现，父母就必须重视起来，反思孩子的成长经历，看看是哪些因素导致了孩子的这种不自信。

导致中学生不自信的原因有以下五点：

一、孩子的自身特征

"龙生九子，各有不同"，每个孩子都会因为遗传、成长环境等因素，显示出外表和性格、行为的差异。从小缺乏积极的自我体验的孩子，会经常感觉自己不如别人，从而对自己持怀疑和否定态度，缺乏自信。

二、父母过于包办

父母对孩子过于溺爱娇惯，对于孩子的事情包办过多，会导致孩子自理能力差，缺乏独立性，当他遇到困难又没有别人的帮忙，就会不知所措，畏缩逃避，经受不住挫折。

三、教育方式不当

过于包办的父母会让孩子缺少独立性，从而自卑。同样，那种权威型的父母，事事干涉孩子，让孩子服从于他们的安排，将自己的意志强加于孩子，孩子稍有不从，他们便开始指责谩骂，甚至使用暴力。在这种环境下成长的孩子，找不到自己的存在感和价值，也会对自己失去信心，从而产生自卑和无助的心理。有些过于严厉的老师也会让孩子有这种感觉。

四、期望值偏离现实

合理的期望和要求可以激发孩子的斗志，促使孩子积极向上，而过高的期望和要求则会适得其反，让孩子产生畏缩心理，心理压力增大，在达不到目标时灰心丧气，开始自我怀疑和否定。长时间处于这种期望值高于现实的情况中，孩子很容易产生自卑心理。

五、孩子被负面评价和比较

孩子对自我的认知还不够充分，所以很在意别人，尤其是父母、老师及身边人对自己的评价，这对他们有重要的意义。所以，一旦父母和他人对孩子进行否定，常常指责他们，甚至将他们与别人家孩子对比从而得出"你怎么这么差"的结论，就会严重挫伤孩子的自信心，让他们变得消极、自卑。

增强孩子的自信心是刻不容缓的事情，父母在清楚了解孩子的情况后，需要对症下药。如果家庭教育不当，就要尽力改正，如果是学校的老师让孩子有很大压力，父母要和老师进行友好的沟通。此外，父母应该引导并鼓励孩子建立自信心。

一、引导孩子发现自己的闪光点

每个孩子都有优缺点，自信心不足的孩子也有自己的长处，父母要引导孩子凸显自己的优势。比如有些孩子学习成绩差，但他跑步快，父母如果鼓励他多参加一些体育活动和竞赛，取得一些成绩，孩子就能获得成就感，从而增强信心。

二、帮助孩子勇敢迎接挑战

孩子都是从试错中成长的，如果父母能包容孩子的错误，帮助孩子多加尝试，增强自己的实力，孩子有了实力就有了底气和信心，就能够勇敢地面对挑战。

三、鼓励孩子大胆展示自己

受人瞩目是一件值得自豪的事情，所以，父母要鼓励孩子大胆展示自己，比如上课积极发言，在活动中表达自己的想法和建议，即使回答错误，或者别人不采纳自己的意见，也应为自己感到骄傲；在教学活动中，挑离老师最近的位置坐；和别人交流时，眼神正视对方，坦诚微笑；在表演活动中积极发言；等等，这些小技巧都有助于孩子产生积极向上的力量，让他一点点放开，慢慢找回自信心。

四、教孩子进行正向的自我暗示

积极正向的心理暗示，可以消除孩子的恐惧心理和消极情绪，帮助孩子战胜自卑，比如经常暗示自己：我可以做得很好！我很优秀，我是一个自信的人……这种积极的暗示，能帮孩子在脑中形成积极正向的观念，进而建立和增强自信心。

五、关注孩子的成长而不是成功

家庭教育的首要职责是，引导孩子积极健康成长，而不是盯着孩子的成绩和结果，让孩子天天如履薄冰。父母要更关注孩子的心灵成长，陪伴孩子走过每一个阶段，建立和谐的亲子关系，才能有效把握和引导孩子，让孩子拥有阳光向上的心态，建立自信心。

自信是每个人走向成功的助力器，而赞美和鼓励是滋养自信心的灵丹妙药。父母是孩子最直接的引导者，也是这种灵丹妙药的炼制者，我们要相信，"天生我材必有用"。每个孩子都可以用他们的闪光点获得自我成长的力量，而父母，则肩负着帮助孩子体验和尝试，获得成就感和力量的重任。给孩子爱和尊重，引导孩子成为一个积极自信的人，孩子必然会走向成功。

4 学习能力比学习成绩更重要

　　孩子上了中学，没有哪个父母是不关心学习成绩的，每每孩子学习成绩下降，不仅孩子压力大，父母也都是唉声叹气，很多父母就忍不住开始嘀咕："我们挣钱可都是为了你啊，你不好好学习对得起我们吗？"有些父母看到孩子贪玩，更是大发脾气："你不好好学，以后有你后悔的！"

　　其实有时候真的不是孩子不学，而是学习能力出了问题。

　　网上有个妈妈发了一则帖子：

　　　　儿子自从上了初二后，成绩忽上忽下，他如果是不聪明、不好学我还好想些，偏偏他是小区里出了名的聪明机灵的孩子。他学得也很辛苦，作业每天都做到十一点多钟，周末也没出去玩过。不得已，我给他报了培训班，期中成绩提升了一些，可没高兴几天，上次测验，成绩又下滑了。转眼就要中考了，我心里跟猫抓似的，又怕孩子压力太大。小区有个和他经常一起上下学的同学，成绩一直保持在班级前五名，我让我儿子多跟人家学学，我儿子还有些不以为然，说那个孩子还没他聪明认真，碰运气而已！后来我听老师分析，那个孩子的学习能力很强，所以学得很轻松。我儿子虽然看上去很踏实，但缺少专注力和变通的能力，碰到陷阱多的题目就容易出错。老师建议我多多关注孩子的学习能力，而不是成绩。可归根到底，不都得成绩说了算吗？！

初中生处于青春发育期，身心急剧变化，存在着种种发展的可能性。所以，初中阶段也不可避免地成为教育的关键期。在这个关键期，父母衡量孩子的唯一标准就是学习成绩，这不难理解，因为成绩直接关系到孩子的升学。但我们忽略了最重要的一点，是什么决定孩子成绩的好坏？很多孩子学得很辛苦，但成绩并不理想，就像前面这位妈妈的孩子；有些孩子，看起来并没有太认真，成绩反而很好。父母和老师都会把原因归结到学习习惯、学习态度等方面，而忽略了最重要的条件之一——学习能力。学习能力的强弱，最直接的体现就是孩子的成绩。

什么是学习能力？即学习的方法与技巧，它是所有能力的基础。评价学生学习能力的指标一般有六个：学习专注力、学习成就感、自信心、思维灵活度、独立性和反思能力。

为什么学习能力比学习成绩更重要呢？

一、学习能力强，学习成绩才稳定

有些孩子某一时段的学习成绩好，但随着知识难度的增加，成绩直线下降，主要原因是学习能力较弱，缺乏持续的学习力。在中学阶段，多刷题可能会获得一时的高分，但从长远来看，学习能力强的人才能成为成绩稳定、名列前茅的学霸。

二、学习能力强，意味着拥有高效学习法

这种高效学习法不但能够提升成绩，而且在生活、事业等其他方面也起着至关重要的作用。拥有高效的学习法可以帮助孩子快速提升自己，抓住机遇，取得一些成就。

三、学习能力的提升将是终生的财富

在中学阶段，学生的学习能力更多体现在专注力、自信心和成就感方面，但随着年龄的增长和学习难度的增加，反思能力和独立性越显重要，影响到人生的每一个阶段。拥有较强学习能力的人，在遇到坎坷和困难时，更容易获得解决问题的最佳方案。

所以，正如那位老师所言，父母要多看重和培养孩子的学习能力，这才是最长远的为孩子成长助力。考试成绩只能检验你是否学会，而学习能力却能检验你怎么学会。

那么，父母应该怎么培养孩子的学习能力呢？要从锻炼和提高七个方面的能力入手：

一、锻炼专注力

专注力是做好任何事情的先决条件，更是学习的必备能力之一。如果上课不能专心听讲，一定不能好好消化这节课的知识；做题不专心，不但影响完成速度，还影响完成质量。要知道，人在注意着什么的时候，就在感知着什么，记忆着什么，思考着什么或想象着什么。所以，要练就超强

的学习能力，首先要锻炼专注力。上课时要集中精力听讲，看书时要聚精会神，做作业时要专心致志，这是学习最根本的保证。就像上面那个妈妈提到自己的孩子，虽然天资聪颖，智商很高，但学习效果很差，很重要的原因之一，就是缺乏专注力。

法国古生物学家乔治·居维叶说过："注意力是知识的窗户，没有它，知识的阳光就照射不进来。"蒙台梭利也认为："最好的学习方法就是让学生聚精会神学习的方法。"

如何提升专注力呢？有三个建议：

1. 情绪上做准备。父母可以引导孩子，在学习之前集中注意力，花十分钟时间看一看即将要学习的内容。

2. 劳逸结合。全神贯注与休息是密不可分的，就像觉醒与睡眠的关系。理想的学习效果，在于学习时集中注意力，休息时完全放松。

3. 记录学习时间。父母可以教孩子学会记录学习周期，如 8:00 开始，9:30 结束。这个小措施会让孩子不仅能够更专心地学习，也可以问心无愧地享受休息。通过记录学习时间，孩子能更好地集中注意力。

二、提升记忆力

记忆是使过去感知或经历过的事物在大脑中留下痕迹，记忆力是指人们可以通过记忆这种认识活动，将摄入大脑中的大量信息长期储存起来，久而久之，形成自己的知识体系，并且运用这些知识体系，产生各种思想和策略，解决面临的各种问题。记忆力是学习知识的基础，尤其在中学时代，需要记忆的知识点和资料多，记忆力是影响学生成绩的重要因素。

提升孩子记忆力的方法有很多，父母可以根据孩子的情况，灵活运用，比如重复记忆法，即循环往复地记忆；间隔记忆法，即交替进行记忆；读写记忆法，即边读边写，加强记忆；等等。

三、提升孩子管理时间的能力

中学生的作业量大，很多孩子都会有种感觉——时间不够用。每个人拥有的时间是一样的，为什么结果千差万别？这就是因为孩子管理时间的能力有差异。

针对中学生，父母可以引导孩子制定切实可行的作息表，如果接连几天，孩子都无法依照预定的时间作息，就需要找出原因并做调整。制定作息表的关键在于：结合自己的实际情况制定时间规则，"自己做得来"的内在意识会有助于遵守规则。只要坚持一段时间，孩子的时间管理能力自然会提高。

四、培养有目标有计划学习的习惯

当一个孩子有了学习目标，他的学习会更有效率，所以，根据孩子的具体情况，父母应指导孩子制订明确的目标和计划，让孩子的学习方向更明确、更实际。

五、提高阅读理解的能力

有效阅读是所有学习能力的基础。在中学阶段浩瀚的知识海洋里，阅读理解的能力直接影响着学生的学习效率和成绩。阅读理解能力强的孩子在学习中的优势会日益凸显出来，他们做题思路清晰敏捷，学习效率高。所以，父母要鼓励孩子多阅读，引导孩子在阅读过程中发现重点、新问题、新观点和新材料，做读书笔记。有条件和能力的孩子，也可以学习快速阅读，提升自己归纳总结的能力，提高阅读理解的效率。

六、训练思维能力

在中学阶段，尤其是初二前后，学生的成绩会出现明显的分化现象，一些学生成绩变差，跟不上老师的节奏，原因之一是，这些学生的学习，没有与智力特别是抽象思维能力的培养有机地结合起来，导致抽象思维能力的发展达不到学习所要求的水平，也就是思维能力欠缺。

思维是智力的核心，是人脑凭记忆和想象对客观现实的概括的、间接的反映。学习知识、巩固知识和运用知识，都离不开思维；语言的理解与表达，事理的分析与判断，问题的推理与求解，文艺的创作与制作，科学的创造与发明，无不依赖于思维。

好学生和差学生的一个显著差异就是，当做完一道难题的时候，差学生会为找到一个答案而满足，好学生则试图找到更多的解答方案。父母要为孩子打造一个开放的世界，给出多种解决问题的方案，让孩子自己去评估不同方案的利弊，从而使他养成寻找多种方案的习惯，久而久之，他的思维会越发活跃。

七、培养孩子自我监控与评价的习惯

孩子上中学后，父母要适当放手，减少监控与督促，将这种权利交还给孩子自己，培养起他们自我监控和评价的习惯，让他们自己检视学习成果，总结经验和教训。比如，定期做记录，写下自己想要解决的问题，总结学习心得：我掌握了什么技能或方法？我是怎样解决问题的？在解题中有没有什么遗漏或错误？将来如何避免？等等。这些自我评价的过程，也是孩子自我梳理的过程，能使孩子意识到自己的优缺点，找到引发具体问题的具体原因并解决问题。

学习之路很长，父母不可能一直管着、催着孩子进步，父母要尽早培养孩子的内在学习力，这才是孩子不断成长进步的源泉。

哈佛大学前校长鲁登斯坦说过："从来没有一个时代，像今天这样需要不断地、随时随地地、快速高效地学习。那种依靠在学校学到的知识就可以应付一切的时代，已经一去不复返了。"

可见，只有拥有了强大的学习能力，孩子才能顺利抵达梦想，成就未来。

5 会玩的孩子才会学

中学生的学习内容多，学习时间紧，父母都希望孩子花更多的时间学习，而忽略了孩子的娱乐时间。

有个妈妈在微信上问我：

> 我孩子很老实，每天都泡在题海里，就是成绩老上不去，有时看他太累了，好想让他多休息下，好不容易说动他出门，他却显得心不在焉，动不动就说"哎呀，我还有两张卷子没写完"，比成人还焦虑。难道学生的生活真的只有学习吗？这样下去，他就是典型的宅男了，我真是担心。

其实不止一个妈妈这样说，此前也有个妈妈很犀利地说：

> 孩子与其这样死读书，还不如不读书，我可不想培养个书呆子，以后一点情趣都没有，谈个恋爱都难。

这两个妈妈的观念非常超前，因为我碰到的大多数父母，都是担心孩子学习时间少，玩得多了。有个德州的妈妈就有这种担心：

> 我儿子实在太贪玩了，喜欢踢足球，一有空就往球场跑，为此，作业做得很敷衍，被老师批评了好多次，我也跟他说过，他居然振振有词地说，以后要踢足球，学习差点也无所谓。真是开国际玩笑！所以一上高二，我就严格限制他出去踢球，结果他总是没精打采的，脾气也变得有些暴躁。他爸爸老劝我说，要放手，让他去踢球，可我又感觉这样会害了他……

娱乐是每个人生活中不可缺少的一部分，对于学生也是如此。

对于学习紧张的孩子而言，究竟该不该玩？该玩什么？怎么让孩子平衡玩乐和学习呢？

会玩的孩子才会学

心理学专著《玩耍精神：会玩的孩子真的有出息》指出：不要让大人的决定剥夺孩子快乐的时光。学习不止有一种方式，鼓励孩子发挥好奇心、爱玩乐和交朋友等天性，可促进学习能力的发展和成年后的心理健康。玩耍精神的本质就是——远离成人，与其他孩子玩耍，孩子们才能学会自己做决定，控制自己的情绪，从他人的角度看问题，与他人交流差异，结交朋友。玩耍是孩子们学会掌控自己生活、学习独立生活的前提和手段。

适度玩乐有助于孩子探索兴趣，产生自我控制力。孩子在玩乐中面对自己感兴趣的事，会深入探索，集中注意力去做，慢慢地，专注力会越来越强，自控力也会随之增加。

适度玩乐有助于孩子发泄情绪，释放焦虑。随着青春期身体的发育，青少年们情绪起伏大，内心经常会有些暴躁的想法，适当地玩乐可以帮孩子释放这些情绪，缓解焦虑。

适度玩乐有助于开发孩子的创造力。选择有益的游戏，可以让孩子在不断探索中发现事情的多样性和可能性，培养创新能力。

适度玩乐有助于社交。玩乐是青少年之间最喜欢沟通的话题之一，相同的游戏和爱好可以促进孩子之间的友谊，锻炼孩子的表达能力与分享精神。

运动类玩乐有助于孩子的体能发展。攀登、打网球、打篮球、跳绳等运动，可以帮助孩子锻炼体能，缓解不良情绪。

可见，会玩是一种能力。

马云在一次演讲中说："我毕业于杭师院，我有时候在想，如果我毕业于北大、清华，可能现在每天就在做研究了，因为我是毕业于杭师院，所以才有了现在的经历。文化是玩出来的，会玩的孩子、能玩的孩子、想玩的孩子一般都很有出息。"

中学生应该玩什么

说起孩子都在玩什么，大多数父母都会想到，手机或电脑游戏。

我们不妨将玩先分为两大类：休闲类和提升类。

休闲类，是指对孩子当前的学习没有直接影响的玩，只是出于爱好，这种爱好又可以分为父母认可的才艺运动类，如绘画、下棋、运动等，以及父母极度反感的偏时尚类，如手机游戏、微博、抖音等。

提升类，指的是对孩子可预见的发展都有一定益处的玩，如课外阅读、社会实践等。

两者有时也是相互交叉的，比如说运动不仅是休闲，也可以锻炼身体，还可以提升一种技能。

显然，最推荐孩子玩的是提升类和休闲类中的才艺类，这些玩乐有助于孩子充实自我，完善自我，但往往，孩子最喜欢的是手机游戏。

手机游戏可以锻炼孩子的应变能力，开发智力，但同时，很容易摧毁孩子的自控力，对成人也是如此。玩手游会让孩子荒废学业，同时诱发孩子的许多心理问题，比如学习兴趣下降，出现社交障碍；游戏中的暴力因素可能会诱导孩子犯罪；长期看手机更会对视力造成严重损害。

所以，对于玩，父母应着力引导孩子往提升类和才艺类发展，培养孩子积极的兴趣和爱好，尽可能远离手机游戏等不良爱好。

玩与学如何平衡

学习很重要，但如果没有娱乐，学习生活会很枯燥，进而让孩子产生消极的心态，所以，学习和娱乐并不是对立的，而是在一定程度上相辅相成的。

一般来说，中学生的生活包含上课学习、课后作业、家务分担和娱乐。上课学习和课后作业是孩子生活的重点，占了孩子近八成的时间甚至更多，而且，大多数孩子的家务分担几乎占不到一成，娱乐也仅仅占一成，而且这一成大多是孩子课间的玩乐。

就这种时间比例来说，玩的时间太少。但孩子学业压力又大，首先要保证学习时间，多余的时间才可以用来玩，这时候，父母一方面可以引导孩子提高学习效率，保证学习效果，争取更多玩的时间；另一方面，孩子玩的时候就让他尽兴玩，不要干涉，让孩子最大限度享受玩带来的乐趣。

玩和学，严格来说，有合理的时间分配就可以兼顾，但同时也因人而异，要根据孩子的真实情况灵活调整，对于那些比较宅的孩子，父母要多带他们参与一些周末的活动，比如他们感兴趣的竞技比赛、团体野营等等，让孩子尽兴地玩。

孩子因为玩导致学习成绩不佳，深层原因仍然是，孩子没有学会平衡玩与学，所以，父母要合理地引导和培养。

学习的时候不觉得累，玩的时候没有任何负担，这就是学与玩最好的平衡。

鼓励孩子去适度玩乐，收获更多的愉悦感，这对于青春期的孩子而言，不但可以缓解学习压力，提高学习效率，还能增强自信心和人际交往能力。

6 帮孩子培养学习好习惯

"习惯决定性格，性格决定命运。"这句名言放诸四海皆准。一个人的成就，在很大程度上取决于他的性格，而性格的根源正是习惯。好的学习习惯，将使孩子受益一生，所以，无数为孩子未来计划的父母，都将培养孩子好的学习习惯当作重中之重。

那么，中学生的学习好习惯都有哪些呢？我们不妨先了解一下，那些让父母们头疼不已的不良学习习惯吧！

孩子上课注意力不集中，整天不知道在想什么，写作业也不积极。——橘子妈妈

我儿子写作业太粗心大意了，有时候会出现明显的错别字，数学上的基础运算也经常出错，头疼！——倔强小子的妈妈

孩子典型的拖拖拉拉，磨蹭。——胡奇奇妈妈

上初三后，有明显的厌学情绪，对学习失去了兴趣。——小璃妈妈

不难看出，有很大一部分孩子身上都存在着一些不良的学习习惯，这些不良学习习惯不但使孩子学习成绩落后，失去了信心，同时也让他们对学习失去兴趣，厌学甚至逃学。父母们意识到这些问题后，也都在想办法改正孩子的不良习惯，培养孩子好的学习习惯，但往往感觉效果不佳。归纳起来，大致有以下六方面的原因：

1. 父母不懂何为习惯培养，缺乏相关知识；

2. 父母自身没有养成良好的习惯，自己做不到，无法要求孩子效仿；

3. 在指导孩子进行习惯培养时掌握不好情绪，容易对孩子发火，甚至会打骂孩子；

4. 缺乏长期坚持的精神，往往是孩子还没有放弃，家长却因为坚持不下来而放弃了；

5. 头痛医头，脚痛医脚，生搬硬套某些策略，忽略了亲子沟通；

6. 父母急功近利的心态比较突出，总认为问题出现在孩子身上，与自己无关。

事实上，引导和培养孩子良好的学习习惯，需要父母的爱心、耐心、信心和恒心，是一项持久战，在这之前，我们应该对于好的学习习惯有明确的认识。

对于中学生而言，好的学习习惯一般有：

一、按计划学习

一般来说，中学生每天都有一个详细的学习计划，好的学习习惯就是能按照计划，有序地完成相应的学习任务。父母要指导孩子制订计划，并督促孩子严格执行计划。

二、专心听讲

上课能集中精神，专心听讲，抓住知识的重点、难点，边听边积极思考，这是提高学习效率的首要条件之一。

三、认真观察

观察是获取知识最基本的途径，学生对于事物的观察可以有效促进思考。

四、善于提问

鼓励孩子质疑问题，带着知识疑点问老师，问同学，问父母，这是主动学习的表现。能提出问题的学生是学习能力强的学生，也是具有创新精神的学生。

五、务求甚解

在学习中，最忌讳的就是一知半解、浅尝辄止。孩子能够将做错题的原因追究到底，是积极求知的表现。

六、查阅资料

中学生经常会接触到一些课堂之外的知识，学会使用工具书和资料，可以拓宽孩子的知识面。

七、提前预习

提前预习未学知识，是培养孩子主动学习的精神和自学能力，提高他们听课效率的重要途径。提前预习教材，自主查找资料，研究新知识的要点，发现疑难，从而可以在课堂内重点解决，这有助于掌握听课的主动权，使听课具有针对性。

八、自学

自学是学生获取知识的主要途径。在学习中，老师只是引路人，学生要靠自己的努力去学习和解决问题。有了自学的能力，孩子才能独立领会知识，融会贯通，挖掘出自己的学习潜能。

九、不偏科

社会对于人才的要求越来越全面，这就要求中学生在学习中全面发展，不能偏科。对于孩子不喜欢的学科或基础比较薄弱的学科，家长可以帮助孩子灵活地适当降低标准，分阶段完成目标。

孩子一旦养成这些学习好习惯，必然终身受益。所以，如果在小学阶段忽略了孩子的习惯培养，在中学阶段，父母一定要抓紧时间，尽快帮助孩子养成这些好习惯。

一、要及时关注孩子的学习状态

孩子的学习状态应该有张有弛，父母对于孩子能够做到的部分要积极鼓励，信任并放手；对于孩子觉得有难度的部分，要多加关注，耐心引导。比如，孩子无法在规定时间内完成学习任务，父母就要在第一时间与之沟通，找出拖延的原因，是没有掌握知识要点还是缺乏自律性？再针对性地解决问题，并在一段时期内督促孩子一点点提高，养成按照计划学习的好习惯。

二、要鼓励孩子进行质疑

有些父母遇到孩子顶嘴，马上会条件反射地说，你懂什么?! 其实，中学生已经有足够的认知能力和思考能力，对于事物也有了一些独特的观点，这正是他们善于思考的表现。父母对于孩子的质疑和反驳要客观温和地对待，多一些积极的鼓励和表扬，少一些批评指责。

三、要以身作则，持之以恒

好习惯的养成最少需要一个月，不可能凭着一时的热情就培养起来。所以，父母首先要有恒心，要在一个较长的时期内，坚持督促孩子，鼓励孩子不要轻易放弃。同时，父母也要以身作则，做好榜样。

四、要重视沟通

父母最常遇到的问题是：我们找出了问题，也知道如何解决，但孩子不听我们的！显然，再好再有效的方法，要孩子听得进去，执行得了才有用。所以，沟通是父母和青春期孩子必须做的日常工作，父母要倾听孩子的内心，温和引导，适当鼓励，与孩子建立起良好的沟通关系，孩子才能听你们的。

五、要培养孩子好的生活习惯

学习好习惯和生活好习惯是相辅相成的，好的生活习惯会帮助孩子进入好的学习习惯的秩序里，比如，孩子可以独立整理房间，清理垃圾，安排自己的生活，他就会知道如何在学习时间里按计划完成学习任务。再比如，孩子有尊重他人的习惯，就能够尊重老师，去努力跟上老师的节奏，产生学习的动力。相对来说，父母引导孩子建立有节奏的生活秩序比较容易。如果忽略了生活习惯，一味执着于培养学习好习惯，孩子会感受到一种压力，从而产生逆反心理，反而不利于学习习惯的建立和巩固。

六、要积极参与到孩子的学习中

在指导孩子学习的过程中，父母不能光讲大道理，而应该积极参与到孩子的学习活动中，和孩子共同寻求答案。努力理解这些内容并提出一些建议和想法，这对孩子具有很强的激励意义。

世界上最可怕的力量是习惯，世界上最宝贵的财富也是习惯。好习惯是一个人终生的财富，中学生良好的学习习惯关乎孩子一生的成就。父母无论多忙，都应该重视并努力培养孩子好的学习习惯。

7 共同学习，有效管理时间

和一个朋友约着吃饭，结果饭桌变成了倾诉桌，话题自然是离不开孩子。从她的讲述中，我大概了解了她的困惑。

女儿16岁，上高一，是独生女，父母都很注重培养她，在女儿上初中后，妈妈就辞职，专门管理孩子的生活和学习问题。但让她失望的是，孩子的学习成绩一直不乐观。

"其实我也知道，有些孩子天生不是学习的料，强求不得，但相比我付出的心血，我觉得她至少要在班级前十名。可她一直在二十名，理想和现实之间的差距实在太大，让人接受不了！而且，最让我心理不平衡的是，朋友家的女儿，父母从来不管，但孩子性格开朗，成绩优秀，真的是奇怪了！"

"因为别人家的孩子，会自觉管理自己，学习效率高。"我告诉她。

中学生的学习，一定不能靠父母逼，而是需要学生有自我管理能力，尤其是强大的时间管理能力。

所以，父母与其跟前跟后，全面照顾，不如和孩子一起，培养管理时间的能力。

缺乏时间管理能力的孩子，时间观念模糊，不论在学习上还是在生活上，都会欠缺条理性，做事效率低。一些父母说孩子"反应迟钝""做事拖拉"，原因正是如此。青春期的孩子，渴望打破父母设立的界限，寻求自我，同时，又因为价值观不成熟、自控力弱等，对学习缺乏热情，时间管理概念模糊。相反，如果孩子拥有管理时间的能力，他们会更自律，自主性会更强，能够合理规划自己的学习和生活的时间，将来步入社会，也能高效地工作。

青春期是孩子从他律到自律的重要转折期，从以父母管理为主开始转向以孩子自我管理为主或者父母和孩子共同管理为主。父母如果只谈尊重，没有协助孩子完成自我成长，这种尊重并无益处；反之，父母如果只是无微不至地照顾孩子，更无法让孩子成长起来。所以，要尊重孩子的独立自主，给予必要的时间和空间，重视培养孩子的时间管理能力，引导孩子构建自律的成长心理。

时间管理的本质是培养孩子珍惜时间的意识和行为，目的是培养孩子的好习惯，让孩子具备处理成长中的问题的能力。要使自我管理成为孩子的内在需要和习惯，父母需要进行有效的监督和检查，发掘、锻炼孩子自我管理的意志力。

如果父母和孩子能共同做到以下六点，无论父母的工作，还是孩子的学习，都将从中受益：

一、引导孩子规划时间，最大化利用时间

帮助孩子梳理每天的生活学习任务，先将完成任务所需要的任务时间

安排出来，没有意义的事情可以精简，再让孩子学会对每天的生活和学习进行目标排序和价值排序，根据具体情况分配时间。

父母可督促孩子将任务具体化，越具体，执行起来越节约时间。

二、提供有效的时间管理方法，帮助孩子提高学习效率

在时间管理上，适用于成人工作的四象限法和番茄钟工作法，同样非常适合中学生们。

1. 时间"四象限"法：把学习或工作按照重要和紧急两个不同的程度进行划分，基本上可以分为四个等级。

第一象限：重要且紧急的事情。比如每天的课内作业，各学科的期末考试复习内容等。

第二象限：重要但不紧急的事情，比如参加培训课程，学习一些其他技能，提升钢琴、演讲等其他方面的能力等。

第三象限：不重要但紧急的事情。比如同学临时有事需要自己帮助，父母突然生病等意外情况。

第四象限：不重要也不紧急的事情。比如看电视，玩手机游戏，和同学聊天，追综艺节目或偶像剧等。

四种级别，需要不同的处理方式。

第一象限：立即做。如果量大，自然会很有压力，所以，要尽可能快地处理这类事项。有些第一象限的事务是因为第二象限的事务没有及时处理，累积成了紧急的事项，比如一周的培训作业，到了最后一天才开始做。

第二象限：有计划地做。这类事项先做计划，再按先紧后松的宗旨完

成，若是拖拉，很容易变成第一象限的事项。

第三象限：转嫁或分散做。这类事项可以由别人代劳时，就交给别人做，比如同学有难题需要帮助，可以让同学去请教老师等。这类事务多的话，很容易导致孩子盲目地忙碌。

第四象限：尽量不做。这类事项大多都是消耗时间的事务，偶尔做，放松一下即可。

第二象限事项占用的时间通常是最多的，要尽可能地将第二象限的事项妥善解决，这也是保证第一象限的急事变少的主要方法。

2. 番茄钟工作法：核心是无干扰的短时全心投入，具体来讲，将 25 分钟作为一个番茄钟，每个番茄钟后休息 5 分钟，四个番茄钟后休息 25 分钟，在非休息时间不能做任何任务以外的事情。这种方法操作起来很简单，非常适合临时抱佛脚的情况（备考等），但一定要有毅力，如果能做到 25 分钟不玩手机，不神游外太空，一定会收获超乎想象的效率。

三、培养一些好习惯

有了好方法，还需要一些能够在潜移默化中辅助时间管理的好习惯。比如，早睡早起，保证精力充沛；计划合理，适合于每天的时间安排。贪快贪多，都会影响身心健康，带来负面压力。

四、包容孩子，双方都不要苛求完美

追求完美往往会将时间耗费在一些无用的事务上，影响效率。学习是一个反复的过程，在这个过程中，孩子难免会有失误，比如有些题型错过两三次，有些父母就会生气地要求孩子做 10 道、20 道此类题型的题目，浪费很多时间。正确的方式是，找出孩子错误的点，然后针对性地强化解决就可以了。有时候，孩子过于追求完美，父母应该合理引导，不能放任。比如，孩子要求自己每天做够10道练习题，可由于特殊情况，有时未完成，父母就要帮孩子灵活调整，不用死抓这个失误不放。

五、化整为零，巧妙拖延

大多数孩子都有拖延的情况，我们首先要接受这种拖延，然后再想办法解决。如果孩子因为这件事过于复杂，所以不想去做，这时候，我们可以将这件事情细化为若干小的部分，做其中一小部分或者其中最主要的部分，在短时间内就可以完成，然后再根据情况，做其他的部分。

六、父母和孩子共同调整心态

首先，要共同树立时间管理的决心，因为改变不良习惯是非常艰难的过程。所以，大家都要有心理准备，并且下定决心。其次，切勿攀比。有时候父母很容易受到别人家孩子的影响，盯住孩子无法达成的目标开始抱怨，导致孩子自我否定，无法再坚持下去。最后，不能急于求成。时间管理是一个漫长的过程，需要脚踏实地，循序渐进，过于着急，反而会事与愿违。

父母在培养孩子时间管理能力的同时，可以和孩子一起学习时间管理的方法，并以身作则运用到自己的生活和工作中，自己也会受益良多的。孩子的时间管理能力，需要父母的引导、陪伴、示范。

培养孩子的时间管理能力需要经历较长的时间，父母要在孩子想放弃时，给予鼓励和支持，帮助孩子控制自己，抵御外部事物的诱惑，和孩子共同体验管理好时间带来的成就感。

8 正确引导青春期友情

在朋友圈看到一则新闻《数名中国女孩在马来西亚被控"运毒"有人被判死刑》：

> 有20多名中国女孩，在马来西亚被控"贩毒"，她们全都坚称自己遭遇蒙骗。有些女孩称，有认识的外籍男性朋友，给她们报销机票，还给出数千元的报酬，要她们帮忙带点货，她们想着既能出国还能赚钱，就非常高兴地答应了，结果掉进了陷阱里。最可悲的是，有一部分姑娘是主动搭讪这些外籍男性，主动寻求交往并承担交往期间的全部费用的，连帮忙运毒都是自愿的，只因为这些外籍男士答应她们，如果帮忙运毒就结婚，然后带她们出国。
>
> 事后有女孩说，自己也感觉有问题，但侥幸地以为没有多大事。

这种盲目的信任，只需一次，便足以毁掉一个人。

父母们担心孩子的社交能力弱，交不到朋友，但更担心的是，孩子轻信他人，交到坏朋友，受到伤害或者走上歧途。

当孩子步入青春期后，他们的内心变得敏感，在人际交往方面，他们会更加看重自己在别人眼里的形象，关注别人的评价，渴望友情并沉浸在自己的交际圈中，而不愿意和父母沟通，这让父母倍感担忧。

那么，面对青春期孩子的复杂情感，父母应该如何做才能既帮助孩子交到朋友，享受单纯美好的友情，又避免孩子误信他人，上当受骗呢？

我们可以将这个问题分为三个阶段来讨论：

第一阶段：如何与同学或朋友交往？

在这个阶段，可以将孩子分为两种，一种是偏自信的，一种是偏不自信的。

偏自信的孩子，接纳并认可自己，会积极和同学交往，勇于表达自己，也会对别人的话做出积极反应，交际能力强。这类孩子，交际烦恼较少，父母也无须担心孩子交不到朋友。

不太自信的孩子，内心对自己的否定比较多，渴望友谊，但又担心别人也否定自己，怕自己给同学留下不好的印象。他们缺乏人际交往的技巧，会远离同学，内心非常孤独。这类型的孩子，一般家庭环境不是很和谐，他们在家里很少被尊重，父母更多的是指责或讲大道理。

对于不太自信的孩子，父母首先要调整亲子关系，接纳并尊重孩子，将孩子当作一个个体，不要居高临下地去批评孩子，否定孩子，要多倾听孩子内心真正的想法。其次，父母要营造和谐的家庭氛围，让孩子有安全感，能放松地和父母沟通，变得阳光开朗。最后，父母要尽可能多陪伴孩子，让孩子的内心变得强大。

第二阶段：如何正确对待青春期友谊?

由于青春期孩子身心发育不成熟，阅历不深，看问题容易片面，他们会很冲动地认为，好朋友就是要一味地对对方好，相互专一，亲密无间。有些孩子对待友情，用力过猛，导致受伤。虽然友情很温暖，可处理不当，也会伤人伤己，影响学习和生活。

所以，父母有必要引导孩子学习交友策略，正确对待友情。具体而言，要做到以下四点：

(一) 教导孩子与朋友保持适当的距离

所谓"君子之交淡如水"，淡，就是不要过分亲昵，越长久的友情，越需要有界限，这样相处起来双方才没有压力。所以，父母要引导孩子，和朋友相处时保持一点距离，尊重对方的隐私，把握交往的分寸，保持适当的行动自由和活动空间。

(二) 告诉孩子对朋友以诚相待

诚恳是友情的基础，朋友相交，唯有坦诚相待，才能以心换心，成为真心的朋友。真诚的朋友，会让双方都产生愉悦感和依赖感，享受美好的青春友谊。

(三) 引导孩子交志同道合的朋友

交朋友不是一时冲动，而是相处中，两个人有共同的爱好或者观点，性格相似，能够包容对方的缺点或问题，这样才能建立起美好的友情。

(四) 提醒孩子，互相帮助，厚友薄己

人都是自私的，孩子也是。看到朋友有难就躲开的孩子，是假朋友，

还有些孩子，一遇到困难和麻烦，就赶紧甩给朋友，这些孩子，自然没有人愿意和他们交朋友。反之，如果一个孩子能够积极帮助朋友，能够把荣誉和好事都让给朋友，自己勇于承担困难和责任，这就非常可贵。当然，作为朋友，对别人的缺点与不足之处，也应当善意地指出，只要不是原则问题，朋友之间就应多包容。对于指出自己缺点和错误的朋友，更应怀感谢之情。

（五）帮助孩子做最好的自己

朋友之间的相处是一种感知、认可、欣赏和仰慕的过程，真正的朋友不是刻意相交，而是自然而然地相识相知相交。所以，首先要做最好的自己，才能拥有更好的朋友，两人互相鼓励督促，都会变得越来越优秀。

第三阶段：如何擦亮眼睛，辨别友情真伪？

如果一个孩子在友情中感到不舒服、不公平，且只是单向地付出，父母就要帮助孩子，引导他们去沟通，如果情况还是没有改观，就应马上止损，劝孩子放弃这段友情。

想要孩子在未来的人际交往中有一双明亮的眼睛，父母要合理引导青春期的孩子，让他明白什么样的朋友不能交。

并不一定要等到出事才知道朋友不可靠，其实在平时的相处中，从一些细节就可以看出朋友的品性。概括起来，有六种朋友，孩子要特别小心，能躲多远就躲多远：

1. 出尔反尔、不守承诺的人。说话不算数、不守信用的孩子不值得相交。如果在相处中，发现这个朋友经常不守约定，否认自己说过的话或做过的事，尽早远离他。

2. 言行不一的人。这类朋友说的和做的是两码事，他说自己会替你保密，结果第二天就把秘密告诉了其他人；他说自己很大方，结果却斤斤计较；等等。不管是谁，交到这样的朋友都不会开心。

3. 对朋友冷漠，共情能力差的人。在朋友遇到困难时，他冷漠地看着，不伸以援手；在朋友有伤心事时，他总是漠视忽略。这类人无法体谅、理解他人的情感，有时候比陌生人还容易伤害自己。

4. 恶意对待他人的人。如果朋友喜欢背后说人坏话，或者做出一些威胁别人、伤害别人的事，终有一天，他也会如此对你。所以，不要和心怀恶意的人交朋友。

5. 经常怀疑朋友的人。一个不信任你的朋友，相处起来很辛苦，他总认为你会欺骗他，原因可能是，他将自己不诚实的特质投射到你身上，"以小人之心，度君子之腹"。

6. 别人评价差的人。如果很多人都觉得这个朋友不值得信任，而且能说出具体的缘由，那么，先不要对这类朋友托付真心，而是在交往中谨慎相处，多加观察。

曾国藩交友有八交，九不交，为后人称道。

要交：在某个方面胜过我们的人；有德行的人；有趣味的人；愿意吃亏的人；直言的诤友；志趣远大的人；帮助他人解决危难的人；能够体谅别人的人。

不交：志趣不同的人；善于奉承的人；没人情味反复无常的人；不孝不友爱的人；狭隘固执的人；落井下石的人；好占便宜的人；道德品性差的人；忘恩负义之人。

著名作家巴金曾经说过："友情是生命中的一盏明灯，离开它，生命就没了光彩；离开它，生命就不会开花结果。"可见友情对于人生的重要意义。

希望在父母们的引导下，孩子们都能如愿以偿地交到良友，享受美好的青春友谊。

9 正确认识青春期的爱与性

这是我最近收到的一封信。

老师：

您好！也许别人给您写信都是请教，而我，只是想找个人说说我的故事，当然，我也不反对用这个故事作为反面教材，警示其他人。

我上初三时和帆好上了，他是班里的明星，长相帅气，成绩优异，体育也非常好，总之，就像是从漫画里走出的少年。他追了我一周，我就答应了。但我们一直是地下的，没有人知道我们俩在谈恋爱，直到上高中。他上了名高，我成绩一般上了普高，两所学校并不远，没有了同学和老师的眼光，我们的关系更亲近了，一天下午放学早，他拉我去开了房，该发生的就都发生了。高二时我怀孕了，我爸妈非常严格，他们要是知道了一定会打死我。我找帆商量，他刚开始说，凑钱带我去做人流，后来又说，他最近参加竞赛没时间，让我自己想办法处理。我不知道找谁，就这样拖了两个月，我的肚子有了明显的变化，我不得已又找他，他嫌恶地甩开我的手说："你这样会影响我的升学啊，自己去做就行了，不要老来找我，影响不好！"当时真是心寒。后来我找了表姐带我去做了人流手术，听了表姐的话，冷静地跟帆分手了。原想事情就这样过去了，可谁知，在高三的时候，突然到处传言我做流产手术的事，老师和父母都知道了，爸爸用脚踢我，骂我不知羞耻，妈妈抹着眼泪说她没脸见人了；在学校我经常被同学嘲笑和辱骂，走在路上，有男生会故意来撞我，摸我的脸……我真想一死了之，可又不甘心，我的表姐绝对不会把这个事说出来，只有帆！我将他堵在学校门口，在我的一再追问下，他才承认是自己为了炫耀说出去的。

如果我的手上有一把刀，我肯定会毫不犹豫地刺向他，我恨当初的自己，怎么会喜欢上这样一个混蛋……

看到这封信，我想起前几天看到的两个新闻：

情人节前夕，沈阳一对"高中生情侣"开房被老板报警，后来家长也被叫来，女儿的妈妈失声痛哭："平时，我对她管理挺严的，千叮咛万嘱咐不让她和男生玩，谁会想到，刚上高一，她就学会处对象了，还去开房！"

一位14岁的少女跟初三的男生谈恋爱，后来开房被父母找到，父亲一怒之下用冰球棒打得她尾骨骨折。

这样的新闻不时会冒出来，令人悲伤，事后大多数人都谴责孩子不自重，却忽略了孩子犯错背后家庭教育的失当。

孩子进入青春期后，性意识开始觉醒，性生理发育成熟，生物本能使得他们开始增加对异性的关注，被异性吸引，与异性建立亲密关系。这种朦胧情愫很纯真，但孩子如果处理不当，就会像前面新闻里的几个孩子一样面临危险。

父母作为孩子的监护人和引导人，一定要和孩子建立良好的沟通渠道，给予正确的帮助和引导，让他们获得正确的青春期的爱情与性的知识。

父母如何做才最有效呢？

首先，肯定青春期孩子对异性产生的爱

青春期的孩子对异性有好感是正常的，这是一个成熟的人都会经历的"练习爱"的阶段。每个孩子的情感发展都不一样，有些孩子可能会早一点有爱的感觉，有些孩子晚一点才有爱的感觉，但纵观整个青春期，就是一个体验友情、求索爱情的时期。

父母要认可孩子的这种成长，给孩子一些空间，接纳孩子这个阶段的情感，让他去体验异性交往，了解异性，同时认识自己，以便将来有比较理性的恋爱和婚姻观。

感情的萌发是无法遏制的，也没有本质上的错误。如果父母一味禁止，可能适得其反，让孩子去偷尝禁果。

还有一些学生初高中时很听话，不谈恋爱，跟异性保持距离，结果到了大学想谈恋爱时却发现自己无法自在地和异性相处，即使谈了恋爱，也非常容易伤害对方的感情。

但是不禁止并不代表允许，而是父母在尊重孩子的前提下，制定底

线：1. 不能越过发生性关系这条界线；2. 不影响学业。

孩子若能做到这两点，父母就无须过多担心和干涉了。

其次，教孩子正确区分爱和性

随着网络的普及和影视文化的带动，一些过分开放的性观念在青春期孩子群体中产生了非常不好的影响，极大地刺激着青少年的荷尔蒙，让这些孩子只为体验和满足性冲动而发生性关系，形成错误的恋爱观。

所以，父母不要忌讳谈性，要引导孩子建立起正确的恋爱观和性爱观，不要将它们混为一谈，要让孩子保持警惕之心，辨别爱和欲望的区别。

当一个人喜欢你时，他凝视的是你的脸；当一个人对你只有性冲动没有爱时，他更多注视的是你的身体。

当一个人只是被你的外貌和身材吸引时，他更喜欢的是你的身体，而不是你这个人，他对待你就像对待他喜欢的任何物品一样。

当一个人只想跟你亲近，不愿意跟你沟通太多时，他很有可能心怀鬼胎。

当你的潜意识对一个人感受到不舒服、不安全，那就勇敢离开。

当一个人对你只是一味要求，而不付出时，这个人铁定是不爱你的。

当你想跟一个异性有说不完的话时，往往是心生爱意。

当你们双方都不介意聊自己的糗事时，表明你们愿意了解对方的所有事，这种情感很纯粹。

当你们都想让对方快乐，想听到更多对方的感受，喜欢互相分享观点、想法等时，表明你们心里都有对方。

当他知道你的缺点并毫不在意，你有难他绝对不坐视不理，会鼓励你学习，让你变得更优秀时，他对你是真心真意的。

父母应该帮助孩子正确区分性和爱，让孩子理性地对待烂桃花，避免孩子在恋爱中盲目失去自我，委身于他人，伤害自己。

再次，引导孩子正确面对性冲动

性冲动是人的本能，特别是到了青春期的少年，身体的性功能逐渐成熟，很容易产生性冲动，这是生理和心理发育的正常现象。父母应该帮助孩子培养健康的性意识，克服性冲动。

（一）培养孩子健康的兴趣爱好

在学习之外，培养孩子一些其他的兴趣爱好，比如运动、绘画、舞蹈等等，消耗孩子的精力，帮助孩子转移注意力，释放荷尔蒙，抵消孩子的性好奇和性冲动。

（二）对孩子进行必要的性教育

对男孩的性教育，要多强调身为"男人"的责任，满足孩子的成人感，激发孩子的责任意识。告诉男孩，要对女孩多加照顾，谈恋爱要负责到底，如果真心喜欢一个女孩，更应该呵护和照顾好她，努力让自己具备照顾她的经济实力，而不是满足一时的欲望。在中学阶段和女孩发生性关系，是非常不负责任的行为！

对女孩的性教育，要强调自我保护意识。女孩在性关系中处于弱势地位，这是因为女孩在性关系中很容易染上性疾病或者怀孕，对身体、生活、前途等造成多方面的消极影响。未成年女孩怀孕，要承受巨大的社会压力，有时甚至会葬送自己的一生。

父母要避免对女孩说"丢人""没脸见人"这种话，这会让孩子觉得自己还没有父母的面子重要，而应侧重于谈性关系对孩子的不利影响。

（三）教导孩子抵制色情物品

要教育孩子主动抵制不健康东西的侵扰，消除不良读物、影视等对他们的性刺激、诱惑和腐蚀。还要适时提供成长中有关身体、心理和情感的必要知识，破除性的神秘感，使孩子对自身的性发育和性成熟有一个客观理性的认识。

（四）提醒孩子，和异性相处时保持距离

父母要提醒女儿，和异性相处时避免过于亲近，恋爱中要减少抚摸、亲吻、拥抱等行为，因为这些很容易激发男性的性冲动。而对于男孩，则要提醒他们做好自我克制，不要对女孩有过多的亲昵举动。

莎士比亚说："爱和炭相同，烧起来得设法叫它冷却。让它任意燃烧，那它就会把一颗心烧焦。"性行为既牵涉到对自己的责任，也牵涉到对别人的责任。在青春期男女孩的恋爱中，是否能克制冲动是衡量爱情是否成熟的尺度。

（五）一定要告知孩子如何避孕

父母们总觉得这些话题羞于启齿，而且说了后有可能反倒引起孩子的好奇心，所以三缄其口，但事实证明，父母的有效提醒可以延迟孩子的性关系发生时间，减少次数，而且，告诉孩子避孕的方式，可以减少孩子冲动性行为带来的不良后果。

最后，培养孩子爱的能力

父母在孩子青春期最应该做的，是培养孩子爱的能力，包括积累知识，丰富经验，提升自己的实力，为未来的生活打好基础。

鼓励孩子在学习之外，锻炼社交能力，尤其是和异性交往的能力，从而了解异性的思维方式，等将来遇到合适的人，才能收获真正的爱情。

青春期无疑是最好的年纪，这时候孩子最应该关心的是如何成为一个值得被人爱，同时又有能力去爱别人的人。

总之，父母要有和孩子共同经历青春期成长的心态，对于孩子的爱和性，要接纳并尊重，同时合理引导，加强孩子的自控力训练，让他们懂得克制，顺利地度过这个敏感期。

10 身体多吃苦，心理才能多享福

前段时间，有则新闻被到处转发，朋友圈、公众号都为此发出诸多感叹。

单亲妈妈含辛茹苦将儿子抚养长大，儿子也很争气，考上了重点大学，毕业后也顺利找到了工作，但没多久，他就辞职了！原因是，工作任务太繁重，受不了！此后，他换了很多工作，但都做不到两个月就辞职：上班太早的，起不来；下班太晚的，睡不好；不加班的，工资太少；加班的，身体吃不消……没过两年，儿子干脆待在家里不出去了，每天拿着手机玩游戏，靠妈妈打工的钱度日。妈妈忍不住指责他时，他反而振振有词地说："如果你不能养活我一辈子，为什么从小对我那么娇惯？"

"惯子如杀子"的事例在这几年层出不穷。尤其是在城市里，全家人都围着孩子转，舍不得他受一点苦，女孩当公主养，男孩当王子养，结果，就有了我们看到的那些新闻报道，孩子一言不合就跳楼，不给钱就离家出走……他们不但不能体谅父母的辛劳，反而认为一切都理所应当，长大后，自然就变成了社会巨婴，啃着已经老去的父母的余势，还头头是道地嫌弃父母。

老年人常说："小亏不吃吃大亏，小苦不吃吃大苦。"青春期的孩子，已经有足够大的力量和足够多的生活技能，如果父母还是不舍得放手，让他们体验到生活的辛苦，那么他们即便学习成绩优异，仍会严重缺乏意志力和生存能力，将来无法在社会上立足。

我们身边有很多家长，都以孩子学习太忙为由，从不让孩子承担任何家务。而与此形成鲜明对比的是，香港富翁李嘉诚在养育孩子方面，一直秉承培养孩子吃苦耐劳的精神的传统，从孩子上小学起，就一直带他们坐巴士电车，从不用车接送，再大一点，就让他们自己打工赚零花钱。他的观点是："不管你拥有多少家财，对于孩子，从小都应该培养他们独立自强的能力，特别是不能让他们养成娇生惯养、任意挥霍的生活习惯。如果现在放松了对他们的早期教育，等他们成了只知道吃喝玩乐的纨绔子弟，再教育就难了！"两个儿子在他的言传身教下，各自独当一面，取得了优异的成绩。

根据哈佛大学研究得出的结论：爱干家务的孩子和不爱干家务的孩子，成年之后的就业率为15∶1，犯罪率是1∶10。爱干家务的孩子，将来的离婚率低，心理疾病患病率也低。

但要特别注意的是，让孩子吃苦，并不是无底线地进行苦难教育，更不是所谓虎妈狼爸的那套严厉教育。吃苦教育一定要因材施教，首先要估量孩子的吃苦能力，尊重孩子的意愿，其次要给孩子足够的精神支持和心理安慰，激发孩子学习和生活的内驱力。

具体来说，父母需要考虑以下四个方面：

一、青春期的孩子吃什么苦，吃多少苦

没有父母不疼爱自己的孩子，爱孩子，更要理性地为孩子的未来考虑。首先要有让孩子吃苦的意识，让孩子体验到人生的辛苦，锻炼他们吃苦耐劳的意志力；其次要考虑孩子的年龄和实际情况，再决定让他们吃什么苦，吃多少苦。

随着社会的发展和人们生活的富足，孩子们生活中所需要做的事务除了学习已经很少，面对青春期急需释放的能量，家长可以针对性地布置一些家务，锻炼孩子们的生活技能，比如，放学的时候去帮家里买菜，周末洗衣服、打扫房间、刷洗马桶等，这些生活中的脏活累活不会给孩子带来任何的苦难，只会在锻炼他们的生活技能的同时，让他们懂得承担家庭责任，学会体谅父母和为父母分忧。鉴于青春期孩子作业量大，还有培训等任务，所以根据个人具体情况，除去上学时候，可以把做家务和学习的时间分配保持在1:4左右。

另外，青春期的孩子上学放学，可以选择乘坐公共交通工具，即便家里有条件接送，也尽量避免。让他们在公交上看到世间百态，这对于孩子也是很好的锻炼机会。如果有培训课要上，也应该让他们独立去完成。

美国人对于13岁以上的孩子的家务安排是：熟练掌握清扫整理房间的各种家务，并能换灯泡；换吸尘器里的垃圾袋；擦玻璃（里外两面）；清理冰箱；清理灶台和烤箱；做饭；列出要买的东西的清单；洗衣服（全过程，包括洗衣、烘干衣物、叠衣以及放回衣柜）；修剪草坪等。家长可以参考，并结合孩子的实际状况制定家务的标准。

二、吃过的苦有多少可以转化为能量

光吃苦，不思考，孩子吃的苦仍然是苦；吃点苦，多思考，吃过的苦才能转换为更大的能量。

为了吃苦而吃苦，孩子并不会明白生活辛苦的真正意义。家长要适当引导孩子多感受，让他们了解到生活有苦辣酸甜各种滋味，帮助他们学会坦然面对生活中的挫折，增强承受能力，将吃过的苦变成自己的能量。

可以让孩子列清单自己安排每周要做的家务，这也是让孩子学会自立的方式，没有完成的事务家长可以分担，但孩子要付出相应的代价，比如晨起做一顿早餐、周末为父母洗脚，等等。

这些事情看起来相当简单，但做起来，尤其是持之以恒地坚持下去并不容易，其主要原因并不在孩子，而在家长，家长过于心疼孩子，觉得学习已经很辛苦了，不愿意让孩子再承受这些看起来无意义的事务。可往往就是这些小事，一旦坚持下来，孩子的变化将带给家长非常大的惊喜，他们因为这种坚持，无形中养成了思考的习惯、体谅的习惯、要收获先付出的习惯，等等。

那么，吃更多的苦是不是能收获更多？答案是否。一些极端的父母故意创造一些苦让孩子去吃，以此来锻炼孩子，除非孩子很有必要经历这样的锻炼，否则我是不建议的。相信这几年随着亲子关系学习的普及，很多人对于虎妈狼爸的行为有了越来越理性的评价，究其根本，是因为那些苦难让孩子感受到更多的是压抑和痛苦，这些痛苦转换成能量的过程也异常艰难，对于心理多变而敏感的青春期孩子而言，留下更多的是心理阴影，甚至还会适得其反，将他们逼上歪路。

耶鲁大学法学院终身教授、"虎妈"蔡美儿的教育曾引起中西方的大讨论。她给两个女儿制定了"十不准"戒律，女儿一首钢琴曲弹不好就会被强迫从晚饭后一直练到深夜，中间不许喝水或上厕所。即便她的两个女儿非常优秀，但主流的声音仍然对此持批判态度，很多教育专家称：这种教育方式并不值得推广，也不能代表中国子女教育的主流，而且弊大于利，很容易导致孩子的逆反心理，也很容易因为偏离孩子的兴趣而毁了孩子未来的幸福。

教育是复杂的，因为家长不光要为孩子的生活费尽心思，更要为孩子的学习和未来努力；但同时，教育也是简单的，那就是让孩子学会生活，既能接受生活中的辛苦与艰难，也能体验生活中的快乐和幸福。

三、如何让孩子喜欢上劳动

如果让一个除了学习什么都不会做的孩子做点家务，他会烦躁也会焦虑，甚至会乱发脾气，这时候最怕的就是家长退让或者放弃。想要让这一切变得更美好，不妨在这些劳动上面加点花样，给苦加点糖，让孩子慢慢习惯并爱上这些琐碎的家务。

首先，要让家务活变得有趣。比如我的邻居为了鼓励孩子清洗马桶，经常准备一些孩子喜欢的动漫装饰贴，让孩子在清洗后自己选择换上，孩子每次打扫完卫生间，脸上总是洋溢着快乐的笑容。叠衣服、清扫房间，无论干什么家务，只要父母给孩子足够的鼓励和赞扬，孩子就会成就感爆棚，父母完全不用担心他们偷懒。

其次，要和孩子一起做。把每周打扫房间当作一次亲子互动活动，和孩子一起边干活边听音乐或者讨论一些双方都感兴趣的话题，在不知不觉中既做了家务，又拉近了和孩子的关系，增加了亲密度，何乐而不为呢？

再次，要为孩子准备一些意外奖励。当孩子承担了一些家务后，父母可以给予一些奖励，对于孩子付出的劳动表示肯定，并赞扬他真的长大了，能够分担家庭事务了。不过要切记，鼓励的是孩子认真的劳动态度，而不是帮助父母做家务这件事。因为，孩子也是家庭成员之一，理应做一些力所能及的家务。

最后，随着孩子年龄的增长，可以为孩子准备一些更辛苦的锻炼机会，比如去福利院做义工或者让他独立去发传单等，帮助他克服心理上的胆怯，迈出勇敢的一步，多体验，多受益。

相信经过父母的引导和真诚的鼓励，孩子不会再对家务摇头说不，而且如果父母引导得当，孩子将会感受到更多的温暖和鼓励，享受到青春期该有的激情和快乐。

四、孩子吃苦时，父母在做什么

父母是孩子的第一任老师，父母的言传身教，才是对孩子最好的教育。

如果父母刷着手机，孩子拖地时自然心有怨言，草草了事。相反，孩子拖地时你在一旁传授一些秘诀，比如如何将拖把快速洗干净，按什么样的顺序拖地更干净更快等，孩子会做得更好。

父母与孩子一起吃苦会更有意义。比如天冷时一起参加体育活动，一起爬山、打球等，当孩子累得坚持不住时，父母以身作则，深呼吸后鼓励孩子和自己一起加油完成，这种磨砺，一点点积累下来，一定会让孩子慢慢拥有坚强的意志。

父母对孩子正确的爱，应该是帮助孩子成长并独立，引导孩子树立起正确的人生观，所以在鼓励孩子吃苦的同时，在心理上要给孩子更多的糖，让他们有足够的自信心和成就感，因此，父母一定要坚持不打骂不批评。无论孩子做家务或者在其他付出劳动的事务上做得多么糟糕，父母都要多表扬多鼓励，要相信孩子会越来越好；同时还要帮助孩子分析情况，给出一些可行的建议，最好再和他一起重新做一遍。这样教育出的孩子，无论遇到什么困难，都会乐观地去奋斗。

吃苦是煎熬的，果实却是甜美的。青春期的孩子们尝点苦头，才能体验和收获属于他们的精彩人生。

11 合理使用，手机不可怕

现在手机已经成为生活的必需品，大多数青春期的孩子也都要求配手机，一来方便和父母联络，二来部分作业也要通过手机来完成。我上次碰到一个爸爸就说，相较于父母，孩子似乎更需要手机，因为现在作业太难了，父母即使会讲，也老怕讲得不对，误导孩子，而手机上什么资源都有，不会的题目拍照搜索就有解答了！所以，给孩子配手机，的确也有必要！

但很多父母仍心存疑虑，因为对于自控力弱的孩子，手机更像是潘多拉盒子，不健康的误导数不胜数，对于孩子不利的影响很多。微信上有一个妈妈是这样说的：

"要想毁掉一个孩子，给他一个手机！"这句话太正确了。我女儿13岁，爸爸娇惯她，看别的孩子有手机也给她买了一个，结果她总是偷偷看手机，学习成绩也下降了很多，现在手机已经被我没收。

除了让学习成绩下降，因为手机，孩子走上绝路的新闻也频频发生。

去年6月，太原某中学15岁的学生小刘在课堂玩手机，被班主任老师发现后没收。恰好到了放学时间，老师没来得及批评教育他，小刘和同学一起离校回了家。晚上，老师与小刘父亲电话联系，说明了情况，在外的父亲便跟儿子通了一个电话。当晚10点，小刘竟然在家跳楼身亡了！

悲剧发生后，家长情绪激动，一度要找当事老师质问，吓得老师四处躲避。

小刘所在的学校，校长第一时间站出来表态：手机该没收还得没收，学生该管还得管。

无独有偶，深圳宝安，一位初中生上课玩手机，老师告诉了家长，家长批评了他几句，他一气之下，跳楼身亡了。

暑假期间，四川绵阳一位中学生，因为放假天天在家玩手机，被父母批评了，然后留下"爸妈，永别了"的短信，跳河自杀。幸亏河边的交警和群众抢救及时，才避免了一场悲剧的发生。

……

看到这些，相信父母们都倒吸一口凉气，这是手机将孩子送上了绝路啊！事实真是如此吗？

细细思虑，不难发现，其实毁掉孩子的不是手机，而是父母没有在给孩子手机时附送一些使用规则，并严格把控，也就是说，毁掉孩子的，仍然是我们的家庭教育和引导。

手机有多可怕？对于不合理使用的孩子来说，它首先会严重影响他们的身心健康。我们都知道，手机屏幕对于孩子的视力具有很大的伤害，但不知道的是，手机辐射也会严重影响大脑发育，导致注意力减退、睡眠紊乱，而且，长时间低头看手机，会导致肌肉紧张，同时会对孩子的脊椎、手指造成损伤。还有专家表示，孩子因为依赖手机，喜欢宅在家里，会越来越不喜欢人际交往，易患抑郁症。其次，手机还会严重影响孩子的生长，有研究表明，沉迷手机的孩子常常会对运动锻炼表现出消极态度，运动能力低下，进而影响生长发育。最后，手机也会影响孩子的学习。相对学习知识的乏味，孩子更喜欢玩手机时轻松愉悦的体验，这势必会让孩子丧失学习兴趣，成绩下降，因此被指责后他们就更想在手机网络里找到慰藉，从而导致恶性循环。长此以往，孩子将丧失求知欲，产生厌学情绪。

都知道手机不好，为什么还要给孩子配手机？这就是我们必须面对的现实，很多青春期的孩子，学习、交友、娱乐等都需要使用手机，这也是我们大多数初中生拥有手机的原因。究竟给不给孩子配手机？多大年龄再配手机？其实答案都要从孩子的日常里去找。

一、孩子真的需要手机吗

要给孩子配手机，父母应明确地了解孩子用手机的目的何在，如果真的是出于学习和生活需要，父母在满足其要求的情况下，还应合理引导。还有，青春期的孩子比较敏感，当同学都有手机，自己没有时，很容易心理失衡，感觉自己被孤立，这时候父母应权衡利弊，必要时给孩子配手机。

二、孩子的自控能力够吗

父母都知道，使用手机有很多不良后果，那么，在交给孩子手机前，父母要对孩子有足够的了解，要知道孩子的自控能力够不够，他们能否明确什么时候该用和什么时候不能用，合理规划使用手机的时间。

孩子的未来都在父母的手里，父母给孩子手机前，一定要再三思考，如果感觉孩子的自制力弱，还无法很好地掌控手机，那父母就很有必要找到手机的替代者，比如，需要查找资料，可以适当借用父母的手机；需要和同学朋友交流，又不想让父母看到，可以佩戴电话手表。

三、一手给手机，一手握规则

孩子的身心毕竟还不够完善，即便是成人，有时面对手机也无法很好地控制自己，消耗了大量的时间和精力，何况自制力有限的孩子？所以，在交给孩子手机的时候，要向孩子明确手机的使用规则和注意事项，督促孩子正确使用手机。比如，必须要在学习任务保质完成之后再玩手机；每日玩手机的时间不超过30分钟；每晚九点后上交手机；在公众场合要关机；不用手机骚扰别人……制定了规则，还要有违反规则的相应处罚，可按孩子违反的轻重程度没收手机两天或一周。

这个世界很精彩，手机为我们的生活带来了丰富的体验，对孩子来说也不例外，所以父母要以身作则，自己合理使用手机，同时不放弃对孩子使用手机的约束，将手机的负面影响降到最低，让它成为对孩子成长有益的调剂，为孩子打开一扇新信息世界的大门。

12 疯狂追星，是一把双刃剑

在这个娱乐凶猛的时代，连坐在村子边老榆树下纳凉的老爷爷都认识几个明星，何况是正当青春的孩子们？那些光鲜亮丽的明星充满魅力，吸引着少男少女们的热烈关注，可同时，也让父母们充满担忧，怕孩子因追星耽误了学业，怕孩子因追星迷失了方向。

这是网上一个妈妈发的帖子：

> 最近女儿的行为让我感觉她要发疯了。她喜欢上了韩国的一个明星，穿衣打扮都向那个明星靠拢，一旦电视上出现那个明星，她就兴奋地尖叫起来，每天不管跟谁聊天，开口闭口都是那个明星："我们家爱豆的衣品万里挑一""我们家爱豆笑起来简直要让人跪了，太甜有没有！"跟我说话也是三句话不离她的爱豆，否则就没有话讲，我要是讲学习，她马上变脸走开，一脸厌烦。床头书桌前，都是那个明星的照片、贴纸，还有些与爱豆有关的周边。我真觉得我这个孩子会被她那个爱豆害死了！青春期追星我能理解，但这么疯狂，是不是太过分了？她才上初二，以后的人生还很长呢，可怎么办才好？

青春期孩子基本上都追星，因为在这个时期，他们关于人际交往的心理需求非常强烈，偶像崇拜意识浓厚；同时，对未来仍然迷茫，处于从少年到成人的过渡阶段，内心迫切需要一个偶像来作为他们学习和追逐的榜样。而整个社会的热点大多都是明星，处于这个环境中的孩子，很容易就从光彩照人、魅力无限的明星身上找到寄托。所以说，追星，实际上追的是"理想的自我"，产生崇拜是因为明星身上的某些特质符合自己的期待。

既然是稀松平常的事，父母为什么要将此视作洪水猛兽呢？追星并不可怕，父母担心的是，自己的孩子成为一个不理智的粉丝，做出疯狂的事情。因为，有些孩子会把希望寄托在明星身上，实现"替代满足"，一旦明星没有完成他的期待，他在心理上就难以接受，做出常人无法理解的举动，甚至不惜走上绝路。

2005年12月，周杰伦的歌迷、17岁的周枫从湖南追到上海、北京，直到广州，期间他住过20多个救助站，再将救助站的微薄资助积攒起来购买偶像的演唱会门票。当周杰伦在广州演唱会上声称两年之内不会再开演唱会时，万念俱灰的周枫在看台上一口气服下了30粒安眠药，最后幸被救回。

刘德华的极端"粉丝"、兰州女子杨丽娟，从15岁开始痴迷于刘德华，长达13年，为此花费巨资，导致生活拮据、父亲卖房卖肾，最后家破人亡，该事件引起了社会的强烈反响。

这些触目惊心的案例，让天下的父母揪心，面对孩子的一些疯狂追星的举动，他们难免忐忑不安。其实，父母无须过于警惕，更不能一味压制，因为心理学发现，孩子在青春期如果没有广义的"明星崇拜"，或"明星崇拜"的欲望被父母抑制，很可能会缺失"安全感"。

那么，面对孩子疯狂追星的行为，父母怎么做才好呢？

一、了解孩子追星的原因，探查孩子背后的心理需求

青春期孩子追星大多是出于情感需要或为了满足自己的心理期许，一般来说，原因大致有四种：

（一）情感需要

很多父母都重点关注孩子的生活和成绩，忽略了孩子的情感和内心世界。青春期的孩子，正处于心理断乳期，极需要情感的抚慰，他们内心敏感，情绪波动极大，需要诉说内心的种种体验，诉说成长中的烦恼以及伴随青春而来的苦涩，这其中包括友情的失落，也包括爱情的不可捉摸。而歌星不光可以用优美的歌喉动情地吟唱温馨的情感，而且形象靓丽时髦，孩子仿佛从歌星身上获得了共鸣，产生无限的憧憬。

（二）向往风光无限的人生

歌星、影星几乎就是风光靓丽的代名词，他们的知名度、荣耀与财富，都令青春期孩子向往，孩子渴望成为这样辉煌的成功者。于是，孩子热情地追随明星，并认为这些明星或是才华，或是外貌，或是个性，都有过人之处，有些孩子还会抱着寻找成功者的奥秘的心态追星。

（三）发现理想的自我

人生就是一场将现在的我变为理想的我的过程，青春期正是开始对理

想自我进行勾画的时候，这时，如果孩子发现某个明星正符合自己的想象，是自己想要成为的样子，他就会产生崇拜之心。

（四）随波逐流

大多数孩子追星都是跟着潮流走，并没有自己独立的见解，有时是因为同学们都喜欢这个明星，自己为了和同学们有共同话题而去关注他；有时是因为某个明星大红特红，孩子觉得自己不去粉一下就显得有些土。于是为了追星，他们开始模仿明星的穿着打扮，收集明星周边，想象自己也像那个被人喜欢的人一样受关注，借此获得满足。

当父母真正理解了孩子内心的心理需求，理解了追星的真实动机后，就能有针对性地帮助孩子。大多数孩子都会在思想成熟一些后，对偶像的热情慢慢淡化，有必要的话，父母也可以找出其他可以满足孩子心理需求的方法，取代追星。

二、客观看待孩子追星的行为

崇拜偶像，是孩子成长过程中必然会出现的现象，父母强制要求孩子放弃偶像崇拜是不现实的。大多数孩子追星就是将明星的照片贴在床头，听明星的歌，买明星的周边，有条件的偶尔参加明星的演唱会，这些行为对孩子的正常学习和生活并没有太大影响，父母无须干涉。

所以一般来说，追星不会妨碍青春期孩子的成长，反而有时可以激发孩子积极努力，向偶像靠齐，而且，偶像崇拜是处于心理断乳期的青春期孩子寄托情感的完美形式，在一定程度上有助于稳定他们易波动的情感，并在受挫时从偶像人物身上获得巨大的精神慰藉和支持。此外，青春期孩子常处于困惑之中，通过共同的崇拜偶像，孩子可以在群体中得到相互认同，从而获得群体归属感，达到精神上的安慰与稳定。

但同时，追星的负面影响也不容忽视，如果孩子过分迷恋远离现实的人格形象，盲目地追随和迷信偶像，不经过分析地欣赏、认同和效仿偶像，可能会染上一些不良品质；同时，如果沉醉于"追星"，花费过多金钱，占用了大部分学习、锻炼的时间，会严重影响正常的学习和生活，甚至引发偷窃、勒索等不良行为。

所以，对于孩子追星，父母要一分为二地客观对待，不过分放大，也不放任自流，要心平气和地和孩子一起走近明星，了解明星，剔除消极的负面影响，吸收积极的正面能量，将之转化为孩子成长的养分，激发孩子成长的动力。

三、引导孩子正确追星

孩子追星，难免会分散精力，花费时间和金钱，对此，父母要帮孩子进行分析和引导，不妨从以下四个方面进行：

（一）和孩子共同追星

父母可以有意识地搜集一些该明星或偶像的报道和资讯（包括正面的和负面的），和孩子进行交流，一起揭开明星的神秘面纱。要让孩子意识到，明星身上的光环是其职业赋予的，在现实生活中，他也有自己的喜怒哀乐，也有缺点，为了自己的事业，也需要付出汗水与泪水。和孩子共同追星的目的，是引导孩子客观地看待偶像，正面积极的东西，可以鼓励孩子学习，负面消极的东西，可以让孩子冷静放弃。这种方式比扔掉明星的照片什么的，更容易让孩子接受。如果孩子追星到了神魂颠倒的地步，肯定会影响学业，影响身心健康。这时候父母一定要特别重视，要告诉孩子，听歌和看影视节目只是生活的一小部分，学生应该将更多的精力用于学习，为实现自己的远大抱负打下坚实的基础。

（二）制定原则和标准

追星要量力而行，这是父母给孩子制定的准则之一。金钱的支出要在孩子自己的能力范围内，对于这项开支，父母没有义务为孩子埋单，除非是有特殊原因，比如为了拉近亲子关系，送明星的周边给孩子当生日礼物等。此外，时间和精力的分配要合理，不能因为追星耽误正常学业；要有底线地追星，不能因为追星触犯社会公德和法律，这样可以避免盲目冲动，也可以提高孩子自己思考问题和处理问题的能力。引导孩子，学会平衡自己的时间和精力，用更好的方式实现对偶像的喜爱与支持，同时也能保证自己的学业成绩。

（三）开阔孩子的视野，让他看到各种"星"

娱乐潮流的风行，决定了这个行业深入人心，娱乐明星可以频繁地出现在孩子眼前，其他"星"却没有这样的机会。父母要帮助孩子开阔视野，让他们看到科学之星、文化之星、劳动之星等等。这些在各种岗位奉献的人，更值得孩子崇拜。

（四）帮助孩子化崇拜为动力

"光环效应"使得娱乐明星在孩子的眼里是完美的，可以满足他成长的心理需要，孩子很容易就将崇拜的明星当作人生发展的榜样、参照以及心灵的寄托。父母可以对孩子自发产生的"偶像崇拜"进行适当干预，帮助孩子调整自己，将追星的热情化为自我激励的行为。比如，有个女孩中学时特别喜欢一个主持人，行为举止上会不时模仿她，还偷偷练习普通话，后来她优雅的气质和标准的普通话都为自己加分不少。